Codependencia y relaciones narcisistas

2 libros en 1

Descubre el porqué de tu personalidad codependiente, por qué atraes a narcisistas, evitarlos y cómo protegerte de relaciones tóxicas

Codependencia y amor: acaba con el círculo vicioso

Aprende a establecer límites y descubre normas de desapego. Aprende a alejarte de relaciones tóxicas y codependientes aun estando en negación

Copyright 2019 by _____ - Todos los derechos reservados.

El siguiente libro se reproduce a continuación con el objetivo de proporcionar información lo más precisa y fiable posible. Independientemente de ello, la compra de este libro puede considerarse como un consentimiento al hecho de que tanto el editor como el autor de este libro no son de ninguna manera expertos en los temas tratados en él y que cualquier recomendación o sugerencia que se haga en el presente documento es solo para fines de entretenimiento. Los profesionales deben ser consultados cuando sea necesario antes de emprender cualquiera de las acciones aquí aprobadas.

Esta declaración es considerada justa y válida tanto por la Asociación Americana de Abogados como por el Comité de la Asociación de Editores y es legalmente vinculante en todos los Estados Unidos.

Además, la transmisión, duplicación o reproducción de cualquiera de los siguientes trabajos, incluyendo información específica, se considerará un acto ilegal, independientemente de si se realiza por vía electrónica o impresa. Esto se extiende a la creación de una copia secundaria o terciaria de la obra o de una copia grabada y solo se permite con el consentimiento expreso por escrito del Editor. Todos los derechos adicionales reservados.

La información de las páginas siguientes se considera en general como un relato veraz y preciso de los hechos y, como tal, cualquier falta de atención, uso o uso indebido de la información en cuestión por parte del lector hará que las acciones resultantes queden exclusivamente bajo su responsabilidad. No hay escenarios en los que el editor o el autor original de este trabajo pueda ser considerado de alguna manera responsable por cualquier dificultad o daño que les pueda ocurrir después de haber realizado la información aquí descrita.

Además, la información de las páginas siguientes está destinada únicamente a fines informativos y, por lo tanto, debe considerarse como universal. Como corresponde a su naturaleza, se presenta sin garantía de su validez prolongada o de su calidad provisional. Las marcas registradas que se mencionan se hacen sin consentimiento por escrito y de ninguna manera pueden ser consideradas como un endoso del titular de la marca registrada.

Copyright 2019 by _____- Todos los derechos reservados.

El siguiente libro se reproduce a continuación con el objetivo de proporcionar información lo más precisa y fiable posible. Independientemente de ello, la compra de este libro puede considerarse como un consentimiento al hecho de que tanto el editor como el autor de este libro no son de ninguna manera expertos en los temas tratados en él y que cualquier recomendación o sugerencia que se haga en el presente documento es solo para fines de entretenimiento. Los profesionales deben ser consultados cuando sea necesario antes de emprender cualquiera de las acciones aquí aprobadas.

Esta declaración es considerada justa y válida tanto por la Asociación Americana de Abogados como por el Comité de la Asociación de Editores y es legalmente vinculante en todos los Estados Unidos.

Además, la transmisión, duplicación o reproducción de cualquiera de los siguientes trabajos, incluyendo información específica, se considerará un acto ilegal, independientemente de si se realiza por vía electrónica o impresa. Esto se extiende a la creación de una copia secundaria o terciaria de la obra o de una copia grabada y solo se permite con el consentimiento expreso por escrito del Editor. Todos los derechos adicionales reservados.

La información de las páginas siguientes se considera en general como un relato veraz y preciso de los hechos y, como tal, cualquier falta de atención, uso o uso indebido de la información en cuestión por parte del lector hará que las acciones resultantes queden exclusivamente bajo su responsabilidad. No hay escenarios en los que el editor o el autor original de este trabajo pueda ser considerado de alguna manera responsable por cualquier dificultad o daño que les pueda ocurrir después de haber realizado la información aquí descrita.

Además, la información de las páginas siguientes está destinada únicamente a fines informativos y, por lo tanto, debe considerarse como universal. Como corresponde a su naturaleza, se presenta sin garantía de su validez prolongada o de su calidad provisional. Las marcas registradas que se mencionan se hacen sin consentimiento por escrito y de ninguna manera pueden ser consideradas como un endoso del titular de la marca registrada.

Tabla de Contenidos

Introducción **9**

Capítulo 1: ¿Es usted codependiente? **13**
Lo que significa ser codependiente *14*
Codependencia: ¿Y qué? *16*
Dependencia vs. Codependencia *17*
Signos de que usted es el habilitador en una relación de codependencia *20*
¿Está en etapa denegación? *23*

Capítulo 2: Entendiendo las Personalidades Codependientes **26**
Decodificación del Habilitador *27*
Comprensión de la pareja habilitada *29*
Trastorno de personalidad dependiente *35*
5 tipos de Personalidades Dependientes *36*
Heridas comunes de ambas personalidades *39*
Comprender el estilo de apego ansioso *40*

Capítulo 3: Por el amor de los límites **43**
5 maneras vitales de construir una fuerte autoconciencia *44*
"Entonces, ¿dónde exactamente debería trazar la línea?" *49*
4 preguntas para eliminar la culpa antes de establecer los límites *53*

Capítulo 4: Desarrollando una poderosa autoestima **61**

Cómo la alta autoestima puede mejorar su codependencia 64

Deje la Codependencia con estas 22 Afirmaciones de Autoestima 66

8 ejercicios para desarrollar una poderosa autoestima 69

Capítulo 5: Romper los patrones destructivos 76

5 maneras de derrotar a los celos intensos 77

Cómo romper el patrón de abuso narcisista 82

Capítulo 6: Estrategias de Destacamento 96

9 grandes hábitos que comienzan a sanar la Codependencia 97

Capítulo 7: El espacio personal y el autocuidado 109

6 razones por las que el espacio personal sana a las parejas 109

10 maneras de acelerar el crecimiento personal mientras tiene espacio personal 114

12 ideas de autocuidado para que se sienta como un millón de dólares 119

Capítulo 8: Sanando la codependencia para bien 127

Las lecciones que rompen la codependencia 129

¿Qué hacer si...? 133

Conclusión 140

Introducción

A primera vista, las relaciones de codependencia parecen completamente saludables. Parece que hay confianza, cuidado y cercanía - ¿y qué podría ser malo de eso? Mire un poco más de cerca y verá que hay más de lo que parece. Ambos miembros de la pareja parecen tener roles distintos y notará que parecen estar atrapados en un ciclo. Uno de los miembros de la pareja es el cuidador o el "reparador", mientras que el otro recibe un grado excesivo de apoyo que lo frena en su crecimiento personal. Ahora que lo ves de cerca, reconoces este patrón malsano por lo que es; es la codependencia.

Si está en una relación de codependencia, conocerá bien esta dinámica unilateral. Tal vez usted es el facilitador, con la intención de ayudar tanto a su pareja que usted termina haciendo todo por ella - incluso permitiendo que sus hábitos dañinos causen estragos. O tal vez usted es la pareja habilitada, sufre una dolencia, adicción o afección de salud mental, y se encuentra confiando mucho en su pareja para ayudarlo a superar cada día. Hasta ahora, se te ha enseñado a creer que tu comportamiento es indicativo de amor, pero estoy aquí para decirte que estás muy equivocado.

La codependencia es una condición profundamente disfuncional. Cuando se hace cargo de una relación, puede impedir el éxito profesional de la pareja, cortar los lazos con familiares y amigos, causar heridas emocionales o psicológicas profundas y, a la larga, crear resentimientos en la relación. Esto puede resultar en la ruina de la sociedad en cuestión, lo que significa que todo lo que han perdido en el camino fue en vano. Tan pronto como se identifique la codependencia, debe detenerse o se causará este inmenso daño.

En este libro, lo ayudaré a poner fin a sus formas de codependencia para que finalmente pueda estar en la relación saludable y feliz que desea. Lo llevaré de aferrarse a parejas codependientes a personas empoderadas que estén en la cima de sus respectivos mundos. Incluso si ha estado atrapado en este ciclo destructivo durante mucho tiempo, le mostraré cómo dejarlo para siempre.

Me enorgullece decir que soy un codependiente recuperado. Desde que evolucioné de mis hábitos de codependencia hace varios años, he ayudado a muchas parejas codependientes a romper con sus dañinos patrones de relación. Conozco sus luchas mejor que la mayoría de la gente. He estado allí y entiendo el dolor que se necesita - y cómo se siente no saber quién eres, cuando no se te necesita. Soy la prueba viviente de que se pone mejor y que su relación puede sentirse un millón de veces más satisfactoria, amorosa y poderosa, si solo tiene las herramientas y la información adecuadas. Eso es exactamente lo que te daré. En este libro, compartiré todas las ideas que aprendí en mi viaje de codependiente a completamente en el poder. Todo lo que aprendí de la manera difícil, se lo diré

Codependencia

simplemente para que no tenga que cometer los mismos errores que yo cometí. Le mostraré cómo transformé mi relación poco saludable y problemática en una asociación poderosa que aún hoy en día sigue prosperando, ¡incluso veinte años después!

Su relación está destinada a prosperar. Pronto, finalmente entenderá lo que eso significa realmente. Ya no se sentirá desesperado y agotado por su pareja. Usted sabrá cómo satisfacer las necesidades de su pareja y, al mismo tiempo, las suyas propias. Usted sabrá cómo darle a su pareja lo mejor de sí mismo, al mismo tiempo que disfruta de ciertas recompensas para sí misma. Por primera vez, su relación tendrá un verdadero equilibrio y experimentarán lo que realmente es amar profundamente, y ser profundamente amados a cambio.

He trabajado con muchas parejas que otros consideraban "demasiado lejos" y todas han visto una recuperación total de sus formas de codependencia. Aquellos que antes se sentían atascados, ahora saben lo que es evolucionar y crecer. La verdad es que romper la codependencia no solo cambia tu relación, sino que transforma toda tu vida. Las personas con las que he trabajado continúan cosechando los beneficios de su trabajo personal hasta el día de hoy. La ayuda que les ofrecí es exactamente lo que le brindaré en este libro.

Codependiente o no, no olvidemos que todos queremos encontrarnos en relaciones amorosas que brinden alegría a nuestras

Codependencia

vidas. Esta es una característica común que todos compartimos. Lo que te hace diferente es que te has visto envuelto en hábitos equivocados y patrones disfuncionales. Con mi ayuda, finalmente eliminará estos obstáculos. Puede disfrutar de todo lo que es maravilloso en su relación, mientras deja atrás todo lo que le frustra y molesta.

Este es el primer consejo que te daré: ¡empieza ahora! A medida que pasa el tiempo, las parejas codependientes se vuelven más fijas en sus formas, encontrando más difícil romper su dañina dinámica. Cada momento que desperdicias siendo codependiente es un momento que desperdicias no alcanzando todo tu potencial. ¿Qué se están perdiendo usted y su pareja mientras se aferran a estos patrones destructivos? ¿Qué experiencias o logros maravillosos podrían ser tuyos *ahora mismo* si solo dejaras espacio para que florezcan?

Al pasar a la siguiente página, habrá dado el primer paso para recuperar su vida de la codependencia. Este es un momento emocionante - el final de una era oscura y el surgimiento de un nuevo amanecer donde finalmente estarás libre de los grilletes de la codependencia. Prepárese para el nuevo capítulo de su vida.

Capítulo 1: ¿Es usted codependiente?

La codependencia es un tema incómodo para muchas parejas y esto se debe en parte a un gran malentendido sobre lo que el término significa realmente. La palabra "codependiente" se usa mucho en el mundo moderno para describir a cualquier pareja que esté muy unida o que pase mucho tiempo juntos. Estas definiciones son, por supuesto, completamente inexactas. La codependencia está muchos pasos por encima de la infatuación o la intimidad. Es mucho más que una mera dependencia o dependencia. La verdadera codependencia hace un gran perjuicio a ambos cónyuges en una relación, manteniéndolos anclados en hábitos insalubres que están arruinando lentamente sus vidas. Ya es hora de que dejemos de usar el término "codependencia" tan ligeramente. Sus efectos pueden ser brutales si no se controlan.

En una relación sana, ambos miembros de la pareja se dan y se reciben mutuamente en igual medida. Tú haces esta tarea, yo haré esa tarea. Tú pagas la cena esta noche, yo prepararé la cena mañana. Puede que no siempre sea tan sencillo como esto y puede haber momentos en que el intercambio esté ligeramente desequilibrado -por ejemplo, durante momentos de estrés, enfermedad o trauma-, pero esto en sí mismo no es insalubre. Esto en sí mismo no es codependencia. Es normal ver esta fluctuación en el tiempo. La vida pasa y no siempre estamos en la cima de nuestro juego. Durante los puntos bajos, la dependencia de nuestra pareja o seres queridos es completamente natural. Por lo tanto, consideremos una pregunta importante: ¿cuándo exactamente la confianza cruza la línea? ¿Cuándo la dependencia se convierte en codependencia?

Lo que significa ser codependiente

En una relación codependiente, dos personalidades disfuncionales encuentran en cada una de ellas el máximo facilitador. Una pareja necesita desesperadamente a alguien que los cuide y la otra parte siente que su autoestima se basa en cuánto se necesitan. Estas dos personalidades se atraen como imanes. Sin autoconciencia o una tercera parte útil, esto puede hacer un cóctel bastante tóxico - uno que definitivamente no es sostenible a largo plazo. La pareja necesaria asume el papel de "donante" o "salvador", mientras que la pareja necesitada se comporta como una víctima problemática, "quitándole" a la otra pareja y mostrando una necesidad excesiva de cuidados. El donante codependiente responde a esta necesidad de atención con una ayuda o una extensión excesivas de su asistencia.

Esto es diferente de la dependencia diaria en una relación ordinaria porque la codependencia permite que el comportamiento no

Codependencia

saludable continúe. Aunque es completamente normal esperar que su pareja recoja los comestibles algunas veces o que cocine una comida cuando usted está exhausto del trabajo, no es normal cuando uno de los miembros de la pareja está actuando consistentemente como ayudante. A veces, el donante puede incluso asumir un papel de padre, asegurándose constantemente de que su pareja está bien y ayudándoles a realizar las actividades cotidianas que deberían ser capaces de hacer por sí mismos. La pareja necesitada se sale con la suya haciendo muy poco mientras que la pareja necesitada hace casi todo. Ambas disfunciones se alimentan mutuamente.

El término "codependencia" solía referirse estrictamente a las relaciones tóxicas de los adictos y sus parejas, pero hoy se ha ampliado para incluir cualquier relación en la que se permita que continúen los comportamientos autodestructivos. Una codependencia puede permitir cualquiera de los siguientes comportamientos:

- **dicción** a sustancias tales como drogas, alcohol, juegos de azar o cualquier otra actividad compulsiva que cause tensión financiera y otros daños a su vida personal.

- **ala salud mental**, especialmente síntomas destructivos causados por trastornos de personalidad o depresión.

- **nmadurez** y otras formas de irresponsabilidad, donde el facilitador siente que no tiene otra opción que aceptar este comportamiento porque no hay manera de cambiar a su pareja y así es como son.

- **endimiento insuficiente,** que puede o no estar relacionado con cualquiera de los comportamientos anteriores. La pareja de bajo rendimiento no está tirando de su peso financiero o renunciando a sus metas personales, y el facilitador permite que esto continúe.

Codependencia: ¿Y qué?

Aquí hay una pregunta que escucho mucho: "¿Y qué si una pareja es codependiente? Si un compañero se siente satisfecho como ayudante y encuentra a alguien que necesita ayuda, ¿cuál es el problema? ¡Nadie se ve obligado a hacer nada que no quiera hacer! Tal vez estén felices de esta manera ".

Una pareja codependiente puede parecer feliz, pero esta felicidad frágil se basa enteramente en su negación. Cuando una pareja codependiente ayuda en exceso a su pareja, impide que su ser querido crezca emocional y psicológicamente. Se permite que el comportamiento destructivo se desarrolle desenfrenadamente. La relación comienza a funcionar como una muleta, donde la frágil pareja nunca aprende a cuidar de sus propias necesidades. Ya no sienten la urgencia de arreglar sus propios problemas. En cambio, esperan que alguien más se encargue de todo. Cuando una persona es tratada como un niño, pierde su poder y se desconecta de su propia fuerza interior. No se les da la oportunidad de madurar psicológicamente. Esta actitud de necesidad afecta mucho más que su vida romántica; de hecho, es probable que su vida profesional también esté sufriendo. ¡Después de todo, los jefes y compañeros de trabajo son mucho menos comprensivos que nuestras parejas amorosas!

Y las cosas son igual de malas para los habilitadores codependientes. Puede parecer que logran más que sus parejas, pero también están siendo retenidos de su pleno potencial. Los facilitadores sienten que su autoestima está enraizada en la necesidad que tienen y en su capacidad de ayudar - esta es una forma extremadamente poco saludable de determinar el valor de uno. Aquellos con esta mentalidad tienen dificultades para reconocer y vocalizar sus propias necesidades porque constantemente piensan que las necesidades de otros son más importantes. ¿Puede alguien ser verdaderamente feliz si sus necesidades no están siendo satisfechas? Muchas parejas codependientes permanecen juntas a largo plazo, pero al final, los facilitadores a menudo están resentidos y exhaustos por la vida que han vivido sirviendo a otra persona, con poco cuidado de sí mismos.

Dependencia vs. Codependencia

En una relación amorosa, se espera y es completamente saludable que ambos miembros de la pareja dependan el uno del otro.

Codependencia

¡De esto se trata estar en una relación! Desafortunadamente, muchas parejas codependientes que no ven sus formas disfuncionales piensan que solo tienen una dependencia saludable. Si usted no está bien versado en los patrones de codependencia, puede ser difícil distinguir entre los dos. Para ayudarle a diferenciar entre dependencia y codependencia, comparemos los dos tipos de comportamiento.

Ejemplo #1

Dependiente: La pareja A está pasando por un momento difícil y la pareja B se siente mal por ellos. En un intento de animar a la Pareja A, la Pareja B hace algo especial con la esperanza de que haga una diferencia positiva. B" entiende que no puede cambiar nada, pero quiere al menos traer una sonrisa a la cara de "A".

Codependiente: Cuando la pareja A comienza a pasar por un momento difícil, la pareja B siente que necesita ayudar a la pareja "A" a resolver el problema. La pareja B hará todo lo posible para que su pareja se sienta mejor. Cuando los intentos no parecen estar funcionando, la Pareja B comenzará a sentirse inútil, como si no pudiera hacer nada bien. A menos que pueda aliviar el sufrimiento de la pareja A, siente una frustración extrema consigo mismo.

Ejemplo #2

Dependiente: La pareja B quiere pasar un día solo en la naturaleza para desanimarse después de una semana de trabajo agotadora. Le dice a la Pareja A su plan y ella le anima a hacer lo que sea necesario para cuidar de su estado mental. Pasa el día disfrutando de sus propios pasatiempos mientras su pareja se relaja sola. Cuando se reúnen al final del día, se sienten refrescados después de un tiempo a solas y felices de verse.

Codependiente: La pareja B necesita angustiarse sola, pero está nerviosa de preguntarle a la pareja A en caso de que ella se lo tome a mal. Cuando finalmente le pregunta a la Pareja A si pueden pasar un día separados, ella se ve triste, pero a regañadientes le permite ir. Mientras están lejos el uno del otro, están ansiosos. La pareja B comienza a sentirse culpable por dejar a la pareja A y piensa que fue una mala idea. Cuando se reúnen al final del día, la pareja A se enfurruña y trata de culpar a la pareja B por irse. Sintiéndose mal, la pareja B siente que tiene que arreglarlo y compensarla.

Ejemplo #3

Dependiente: Ambas partes expresan lo que necesitan para sentirse valoradas y atendidas en la relación. Cada persona da a conocer sus pensamientos y sentimientos mientras el otro escucha atentamente y piensa en la mejor manera de satisfacer las necesidades de su pareja.

Codependiente: La pareja A expresa sus necesidades mientras que la pareja B escucha atentamente y trata de ayudar. Se considera que la pareja A tiene necesidades más urgentes, ya que su estado emocional es más frágil. La pareja B puede sacar a relucir sus preocupaciones, pero esto se deja de lado porque cree que la pareja A frágil tiene necesidades más importantes. La Pareja A está de acuerdo en que sus necesidades son más importantes.

Puede ser extremadamente difícil para la gente admitir la codependencia. El hecho es que las parejas codependientes a menudo tienen intenciones puras en el corazón; simplemente quieren ayudar a sus seres queridos y aliviar su sufrimiento. Sin embargo, los resultados no son menos contraproducentes. En la mayoría de los casos, la dinámica hace mucho más daño que bien a ambas partes involucradas. Si usted piensa que podría estar en una relación de codependencia, es vital que lo reconozca lo antes posible.

Signos de que usted es el habilitador en una relación de codependencia

El cuidador o "dador" en una relación codependiente también se llama el "habilitador". Esto se debe a que, a través del cuidado excesivo, están permitiendo el comportamiento autodestructivo de su pareja. Si marca tres o más de las siguientes casillas, lo más probable es que usted sea el habilitador de su relación.

-
  Usted se rinde constantemente
  Cuando su pareja necesita o quiere algo, usted siempre se encuentra cediendo y haciendo lo que ellos quieren. A veces se

sentirá irrazonable y usted puede incluso resentirse por ello - pero usted continúa cediendo de todos modos. Terminas desechando tus sentimientos para cuidar de tu pareja o para mantener la paz.

- **Usted asume la responsabilidad de sus acciones**

Cuando una pareja necesitada hace algo mal o muestra un comportamiento negativo, un codependiente puede encontrarse asumiendo la responsabilidad por ello. En lugar de ver a su pareja como la única persona culpable, creerán que ellos influyeron en ese comportamiento. Los dadores codependientes constantemente ponen excusas a sus parejas e incluso pueden culparse a sí mismos por ello.

- **Usted realiza tareas simples que deberían estar haciendo por sí mismos**

Es normal cuidar a nuestras parejas, pero ¿con qué frecuencia se te pide que nos ayudes con tareas sencillas que cualquier otro adulto puede realizar sin problemas? ¿Es usted la persona que alimenta a su pareja? ¿Tiene que despertarlo constantemente para que no lleguen tarde a las citas? ¿Termina haciendo las tareas que se suponía que debía hacer su pareja?

- **Siempre estás intentando arreglarlo todo**

Codependencia

No puedes evitarlo. No importa lo que pase, siempre estás tratando de satisfacer necesidades que pueden o no existir. Si su pareja no se siente mejor, usted siente que es su responsabilidad hacer que se sientan mejor. Puede que te encuentres anticipándote a sus necesidades e incluso intentando arreglar algo que no necesita ser arreglado. En cualquier caso, cuando su pareja necesita algo, usted siempre está haciendo todo lo que puede para mejorarlo, incluso cuando no están haciendo nada para ayudarse a sí mismos.

- **Con frecuencia tiene que pedir la aprobación de su pareja**

Por una razón u otra, no sientes que puedes hacer lo que te plazca. Si quieres tomar una decisión por ti mismo o tener algún tiempo libre, sientes que necesitas comprobar si tu pareja está de acuerdo con esto. La razón detrás de este comportamiento es probable que sientas que tu pareja te necesita y la idea de que tu pareja esté sola te hace sentir culpable. Al obtener la aprobación de su compañero, se elimina esta culpa.

- **Usted ve a su pareja como indefensa**

Sea honesto con usted mismo aquí. Imagine que su pareja se queda con sus propios dispositivos durante toda una semana. Tal vez se vaya en un viaje importante a un lugar con una recepción telefónica mínima. Su pareja tendrá que hacer todo por su cuenta y cuidar de sí mismo sin ninguna ayuda externa. ¿Qué tan preocupado te hace este pensamiento? ¿Confía en que su pareja podrá cuidar de sí misma y funcionar correctamente sin usted? ¿Podrán mantenerse alejados de sus malos hábitos, comer y dormir bien, y llegar a tiempo a las citas importantes? Si respondiste no a alguna de estas preguntas, admítelo ante ti mismo: crees que tu pareja está indefensa.

- **uando no cuida a su ser querido ser querido, se siente como una mala pareja**

Al final del día, sigues dando y permitiendo porque la alternativa te hace sentir culpable. Le preocupa que, si establece límites, esto empeorará las cosas para su pareja. Usted siente que su pareja realmente lo necesita y la idea de no ayudarlo con sus actividades diarias es como tirarlo por la borda al mar. Usted está acostumbrado a proporcionar ayuda y cuando no lo hace, se siente como si hubiera hecho algo terrible.

¿Está en etapa denegación?

Uno de los principales obstáculos en las relaciones codependientes es la negación. Es un síntoma central de la codependencia. Incluso con el consejo de un experto frente a usted, nada ayudará a su situación si no puede admitir que algo anda mal. Una de las razones por las que se permite que la codependencia continúe es porque ambos miembros de la pareja se niegan a aceptar su ciclo insalubre. Antes de que las disfunciones puedan ser tratadas, es esencial que ambos miembros de la pareja dejen de vivir en la negación de sus malos hábitos o de la gravedad de sus efectos. Estas son las señales de que has estado viviendo en la negación.

-

    Descarta sus propios sentimientos e instintos

    Ya ha pasado antes. Ha sentido algo que lo empuja a la cabeza, diciendo: "No debería ser así" o "Esto no se siente bien". En lugar de profundizar en el tema, siempre decides dejar de lado este sentimiento. Se dice a si mismo que no es importante o que el sentimiento es completamente tonto, aunque no es la primera vez que se siente así. Si a menudo tiene que desestimar sus instintos, pensamientos o sentimientos, entonces hay una buena probabilidad de que esté en negación. Si un sentimiento continúa resurgiendo, lo más probable es que su intuición sea correcta.

-

    Solo estás esperando el cambio.

    Tal vez usted ha admitido que necesita un cambio. ¿Qué pasa después de esa admisión? ¿Usted y su pareja toman medidas para remediar la situación inmediatamente? ¿O solo te sientas y te dices a ti mismo que cambiará con el tiempo? Confiar en las influencias externas u otras personas para cambiar es otra señal de alerta que está negando, especialmente si ha estado "esperando" durante un tiempo bastante largo. Esto demuestra que has renunciado a tu poder para crear cambios. En lugar de progresar usted mismo, está esperando a que caiga del cielo. Las personas que hacen esto tienden a negar lo mala que es su situación.

- **Todo el mundo ve un problema que usted no ve**

¿Hay personas en su vida que insisten en que su relación es profundamente defectuosa? Cuantas más personas te hayan dicho esto, mayor será la probabilidad de que estén en lo cierto. Si usted no puede ver este problema, probablemente está en negación de su existencia. Cuando estamos atrapados en un patrón disfuncional, a veces puede ser difícil señalarlo. Sin embargo, las personas que están fuera de su relación pueden ver el panorama general. Y las personas que están cerca de usted lo conocerán mejor y lo que es mejor para usted. Si usted constantemente se encuentra defendiendo su relación con amigos y familiares cercanos, existe la posibilidad de que usted esté en la negación de que lo que ellos están diciendo es verdad.

La negación nos protege de una dura verdad. Al fingir que no nos damos cuenta de algo, sentimos que existe la posibilidad de que lo ignoremos y lo eliminemos. Esto no podría estar más lejos de la verdad y, de hecho, la negación puede causar más daño que bien. Si quiere continuar sanando su relación, corte su negación de raíz ahora mismo. El cambio solo llega cuando se enfrenta a la realidad.

Capítulo 2: Entendiendo las Personalidades Codependientes

Lo que muchas personas no se dan cuenta es que se necesitan dos personalidades dependientes para crear una relación de codependencia. Estas personalidades son distintas, pero tan problemáticas como las demás. Los que están fuera de la relación tienden a culpar a la persona más necesitada, pero el hecho es que no es solo culpa de una persona. Ambas personalidades tienen sus propios rasgos disfuncionales, se manifiestan de maneras muy diferentes. Cuando se juntan, se activan los peores instintos de estas personalidades. El comportamiento insalubre de una pareja es exactamente lo que la otra persona necesita para satisfacer su propio comportamiento insalubre. Así es como comienza el ciclo codependiente y por eso a menudo es difícil de detener.

Para crear una dinámica más saludable, es esencial que las parejas reflexionen sobre sí mismas. A estas alturas, debería estar claro cuál de los dos papeles distintos desempeña cada persona en la relación. Esta identificación es el primer paso. Cuando ambas partes son conscientes del papel que desempeñan en la dinámica, finalmente se puede llegar a una mayor comprensión de lo que cada persona puede hacer para sanar el problema. Es importante que ambas personalidades sean consideradas con igual importancia. Para empezar a progresar, ambas personalidades deben ser estudiadas y comprendidas. Todo empieza contigo.

Decodificación del Habilitador

En algún momento de la infancia del facilitador, se les hizo creer que sus necesidades son siempre secundarias. En los primeros estudios sobre la codependencia, se creía que las tendencias habilitadoras provenían de crecer con un padre alcohólico, pero hoy en día, los expertos están de acuerdo en que puede haber muchas causas. Alcohólicos o no, estos problemas suelen ser el resultado de un padre necesitado o de otro modo no disponible. Si bien es posible que el facilitador haya sido objeto de abuso emocional o físico, no siempre es así. A menudo, simplemente crecieron en medio de una dinámica familiar altamente disfuncional, y esto puede o no involucrar a un miembro de la familia con enfermedades físicas o mentales. Estos codependientes no recibieron una atención emocional adecuada, por lo que se acostumbraron a que sus necesidades no fueran satisfechas. La mayoría de los niños crecen recibiendo mucha validación positiva; en el caso del facilitador, probablemente no recibieron mucha validación en absoluto. Esto resulta en un individuo que, por defecto, no se siente muy importante. En cambio, han aprendido a encontrar la validación a través de otra persona.

En el caso de un familiar necesitado o enfermo, el facilitador puede haber tenido algunas responsabilidades de cuidado, solidificando así su comodidad al asumir un rol de cuidado más adelante en la vida. Cualquiera que sea la historia de su infancia, una cosa es absolutamente cierta: a los codependientes se les ha enseñado que su valía y su valor están directamente relacionados con lo mucho que agradan a los demás y lo bien que pueden cuidar de los demás. Esta creencia errónea es exactamente lo que crea disfunción en este tipo de personalidad. En un esfuerzo por sentirse dignos y bien consigo mismos, buscarán situaciones en las que ofrezcan algún tipo de ayuda. Los facilitadores más heridos pueden incluso sentir que cuanto más se pierde la causa, mayor es la recompensa. Esto puede llevarlos a relaciones desastrosas, creando traumas severos, y solo empeorando la disfunción. Aun así, muchos de estos facilitadores profundamente heridos continúan tratando de servir, creyendo que el problema es de ellos y no de su pareja. Es un círculo vicioso que solo termina cuando llega la autoconciencia.

Es importante tener en cuenta que algunos facilitadores actúan a partir de problemas de abandono profundo donde sienten que deben hacer todo lo posible para hacer feliz a su pareja, de lo contrario serán abandonados. El "abandono" aquí no significa necesariamente una ruptura. Si el facilitador sufrió la muerte de un padre enfermo, puede que ayude en exceso a su pareja enferma, alimentada por el miedo subconsciente de que tendrán la misma experiencia una y otra vez.

Si usted es un habilitador en busca de recuperación, es vital que averigüe de dónde proviene esta necesidad de sobre ayuda. ¿En qué momento de su vida le enseñaron que sus necesidades eran menos importantes? ¿Quién era la persona cuyas necesidades tenían prioridad sobre las suyas? Una vez que haya identificado este detalle esencial, puede comenzar a separar ese incidente de su relación actual.

Comprensión de la pareja habilitada

Al estudiar relaciones codependientes, el individuo habilitado puede ser mucho más difícil de decodificar. ¿Por qué? Porque, aunque todos los habilitadores poseen intenciones y finales similares, sus contrapartes habilitadas pueden tener motivos y causas muy diferentes. Muchos crecieron siendo mimados o mimados cuando eran niños, así que empezaron a esperar el mismo trato de otras personas cercanas a ellos. Pero la otra cara de la moneda también es posible, ya que pueden haber sido descuidados cuando eran niños, lo que hace que se vuelvan hacia conductas que buscan la atención. Si fueron mimados cuando eran niños, es posible que no reconozcan la realidad de su situación. Ellos pueden pensar que es completamente normal que los esperen de pies y manos porque así es como han sido tratados toda su vida.

Muchas personas capacitadas sufren de una adicción, una enfermedad física o una condición de salud mental. En lugar de dar pasos hacia la recuperación, se sintieron demasiado cómodos o incluso empezaron a disfrutar de estar en una posición en la que tenían que ser atendidos. Debido a las tendencias de ayuda del facilitador, nunca se les exige que se ayuden a sí mismos. En una persona que sufre de una aflicción física, esto puede significar que se niega a levantarse y recuperar cosas para sí misma, incluso si es plenamente capaz. O pueden empezar a esperar que otros cocinen para ellos, incluso si tienen la fuerza y los recursos para hacerlo por sí mismos. O pueden tomar una licencia prolongada del trabajo, insistiendo en que están demasiado enfermos o enfermos, incluso si todas las pruebas demuestran que están perfectamente bien.

Dado que sus antecedentes pueden variar mucho, es importante examinar su infancia. Observe su relación con sus cuidadores principales. ¿Fueron malcriados de alguna manera o se les descuidó por completo? A continuación, se presentan algunos estudios de casos para ayudarle a comprender mejor los antecedentes de la pareja habilitada.

Codependencia

Casos de Estudio

Para proteger la privacidad de las personas involucradas, no se han utilizado nombres reales.

- aría recuerda haberse sentido descuidada en su infancia. Su hermano pequeño sufrió un sinnúmero de complicaciones de salud tan pronto como lo trajeron a casa desde el hospital. Naturalmente, recibió más atención de sus padres. Ella recuerda haber estado sola con su niñera durante días mientras sus padres se quedaban en el hospital con su hermano enfermo. Eventualmente, su hermano mejoró, pero la dinámica fue siempre la misma, con él recibiendo mucha más atención que ella. Cuando era adolescente, admite haber exagerado los síntomas de una enfermedad porque quería obtener más atención de sus padres. Este plan tuvo éxito. De repente, sus padres comenzaron a darle la misma atención que le daban a su hermano. Preocupada por volver a ser "ignorada", continuó actuando indefensa y enferma porque aprendió que esta era la mejor manera de hacer que otros la cuidaran. Finalmente, Mary entró en una relación codependiente. Su compañero hizo todo lo posible para ayudarla porque él creía que estaba muy enferma e incapaz de cuidarse sola. Para romper esta codependencia, Mary tuvo que aprender que había otras formas más satisfactorias de recibir el afecto de la gente.

•

esde que Juan tiene memoria, siempre se le ha dado lo que ha querido. Venía de una familia extremadamente privilegiada y nunca tuvo que mover un dedo para hacer nada. Ni siquiera reconoció en qué posición de privilegio se encontraba; solo pensó que era completamente normal. Si necesitaba algo, siempre había un ayudante disponible o sus padres podían pagar fácilmente por una solución. Además de este privilegio, también era hijo único y no tenía a nadie por quien luchar. Su madre, en particular, lo mimaba y a él le gustaba que lo mimaran. Finalmente, entró en una relación de codependencia con una persona que creció cuidando a un padre alcohólico. Naturalmente, ella se convirtió en la facilitadora de John. Ella no le permitía hacer nada, ocuparse de todas sus necesidades mientras él se ocupaba de las responsabilidades financieras con el dinero de la familia, pero nada más. Cuando finalmente tuvieron hijos, la pareja de John se encontró agotada y agotada. Nunca la ayudó con nada y en vez de eso esperaba que ella también lo ayudara a él. Como Juan estaba muy acostumbrado a que una mujer le permitiera estar en su vida, le fue difícil darse cuenta de que tenía maneras codependientes y profundas.

Como se ha demostrado, las parejas habilitadas pueden ser criadas de maneras muy diferentes. Lo que siempre tienen en común, sin embargo, es que se les enseña a equiparar el afecto y el amor con ser tratados como indefensos. En el caso de María, ella comenzó a sentir que la única manera de llamar la atención de sus padres era estando enferma. En el caso de Juan, él sintió que ayudar en exceso y ser mimado *era* amor por la forma en que sus padres, especialmente su madre, lo trataban. En algún momento del camino, las líneas se volvieron borrosas con su cuidador principal.

Para ayudar a la pareja habilitada en su relación, vea si puede identificar dónde se originaron estos sentimientos en su infancia. ¿Su pareja es más una María o un Juan?

Trastorno de Personalidad Narcisista y Boderline

Cuando se trata del Trastorno Narcisista y del Trastorno de Personalidad Boderline, el abuso emocional y psicológico suele estar presente en el trabajo. Los individuos con estos trastornos de personalidad siempre están en la posición de habilitado, nunca en la de habilitador. La codependencia se vuelve infinitamente más tóxica cuando estas personalidades están involucradas. Los narcisistas se sienten con derecho a una pareja obediente e incluso pueden disfrutar viendo cómo el facilitador tropieza con ellos, tratando de hacer todo lo posible para cumplir con todos sus caprichos. De hecho, un habilitador es el compañero perfecto de un narcisista. El narcisista quiere sentirse especial y como si todo el mundo girara en torno a ellos, y allí el habilitador les está mostrando exactamente eso. El habilitador de un narcisista a menudo se denomina "co-narcisista".

Las personalidades Boderline pueden ser igualmente dañinas para el facilitador; son propensas a sentimientos de traición y abandono. En la personalidad Bordelinde, el habilitador ve a una víctima que finalmente puede salvar. La personalidad Borderline quiere un héroe o salvador y es natural que el habilitador desempeñe ese papel. Desafortunadamente, lo que el facilitador no se da cuenta es que esto es parte del patrón destructivo de la personalidad Borderline. Nunca serán verdaderamente el héroe en la historia porque la Borderline siempre se sentirá traicionada y abandonada por algo. La inestabilidad emocional inherente a este trastorno de personalidad significa que el facilitador nunca tendrá éxito en su intento de salvar. La personalidad Fronteriza tiene asuntos que son solamente su propio problema para resolver - el habilitador debe reconocer esto tan pronto como sea posible.

Es mucho más difícil para alguien con un trastorno de personalidad cambiar. A menos que estas parejas sean conscientes de sí mismos y estén comprometidos con la autotransformación, existe una alta probabilidad de que continúen participando en su patrón habitual. Y con una personalidad Narcisista o Limítrofe, este patrón puede ser altamente destructivo. Si usted es un habilitador de uno de estos tipos de personalidad, reconsidere su participación en la relación o invierta en terapia de pareja.

Trastorno de personalidad dependiente

El trastorno de personalidad más común que se encuentra en las relaciones de codependencia es -usted lo adivinó- el Trastorno de Personalidad Dependiente. Aquellos con este trastorno de personalidad pueden caer en la posición de habilitador o habilitado. Las personalidades dependientes tienden a sentir ansiedad y miedo cuando están solas. Naturalmente, recurren a otras personas para satisfacer todas sus necesidades emocionales y psicológicas. Sin la aprobación, validación o ayuda de otras personas, los Dependientes se sienten como un pez fuera del agua.

En su forma más severa, las personalidades dependientes pueden tener dificultades para funcionar en su vida diaria sin algo presente. Esto puede llevarlos a eludir sus responsabilidades y volverse completamente pasivos. Cuando se quedan solos, pueden sentirse extremadamente indefensos. Como es de esperar, las personalidades Dependientes toman las rupturas más duramente que el individuo promedio. Pueden sentirse totalmente devastados hasta que encuentran a alguien más que ocupe el lugar de su expareja. Cuando un facilitador sufre de este trastorno, puede ser extremadamente competente mientras está en una relación, pero siente que no tiene sentido si no tiene a alguien.

Este desorden no solo afecta la esfera romántica de la vida del Dependiente. De hecho, todos los que conocen al individuo experimentarán su dependencia. Los amigos, la familia, y tal vez hasta los compañeros de trabajo y los jefes verán este lado de la persona dependiente.

5 tipos de Personalidades Dependientes

El reconocido psicólogo Theodore Millon, puede ser acreditado con la identificación de los cinco tipos distintos de personalidades dependientes en adultos. Mientras que todos los Dependientes compartirán rasgos similares, cada tipo mostrará su propio comportamiento y estrategias únicas para obtener lo que quieren. Si usted cree que usted o su pareja tienen Trastorno de Personalidad de Dependiente, vea si puede averiguar de qué tipo son. Es posible tener síntomas que pertenecen a unos pocos tipos diferentes, pero por lo general solo hay uno que domina.

-
    ### l dependiente inquieto

El subtipo inquieto está forjado con ansiedad e inquietud. Temen el abandono de las personas que los rodean y sienten una intensa soledad cuando no están con una figura que los apoye. Los sentimientos de inadecuación son desenfrenados y a menudo son muy sensibles al rechazo.

-
    ### l Dependiente Inmaduro

Las personas a cargo de este subtipo tienden a ser infantiles, especialmente frente a las responsabilidades cotidianas. A pesar de ser adultos, les resultará difícil hacer frente a las expectativas típicas de los adultos. El tipo inmaduro necesita una cantidad significativa de "bebé", ya que puede ser ingenuo y carecer de habilidades generales para la vida.

-
    ### l dependiente complaciente

Este tipo se caracteriza por una benevolencia extrema y, como su nombre indica, una tendencia a ser demasiado acomodaticio. Estos individuos se esfuerzan por complacer a los demás y parecerán increíblemente agradables. Naturalmente, asumen un papel de sumisión y rechazan todos los sentimientos incómodos. Estos tipos pueden ser muy amables y amables con todos los que los rodean.

-
    ### l Dependiente Desinteresado

El subtipo Desinteresado tiene muchas similitudes con el subtipo Acomodación, pero hay una mayor inclinación a abandonar su identidad individual y fusionarla con la de otra persona. Cuando no se les controla, serán absorbidos por otra persona y vivirán como una mera extensión de ellos. De todos los tipos, es más probable que estos Dependientes parezcan no tener personalidad.

- **l Dependiente Ineficaz**

Al igual que los dependientes inmaduros, los ineficaces no enfrentan bien las dificultades y las responsabilidades. Sin embargo, los inefectivos irán un paso más allá, negándose a ocuparse de cualquier cosa que pueda resultar incómoda. Un cuidador es esencial para que funcionen en la vida. Son propensos a la fatiga y al letargo. Son improductivos y la mayoría de las veces, muy incompetentes. En ocasiones, los Dependientes Ineficaces pueden incluso luchar con sentimientos de empatía y en su lugar ser superados por una apatía general hacia su vida, incluyendo cualquier deficiencia.

No importa el subtipo, todas las personas que padecen este trastorno de la personalidad pueden mejorar con la terapia y el trabajo autónomo comprometido. De hecho, muchas personalidades Dependientes han encontrado niveles saludables de independencia después de un tratamiento suficiente. Si usted siente que su codependencia está ligada a este trastorno, tenga la seguridad de que esta condición no tiene por qué dictar su vida.

Codependencia

Heridas comunes de ambas personalidades

Todas las personalidades dependientes pueden manifestar un comportamiento variable, pero en su mayor parte, están enraizadas en heridas psicológicas similares. Con la excepción de algunos tipos de Personalidad Narcisista y Boderline, los individuos codependientes tienen baja autoestima e inseguridades fuertes. Al final del día, ambos miembros de la pareja sienten que se necesitan desesperadamente el uno al otro para sentirse completos. La única diferencia es que se necesitan diferentes tipos de comportamiento para lograr esta sensación de culminación - una sensación que nunca dura mucho tiempo porque siempre depende de alguien más para llenar esta necesidad.

Por naturaleza, las personalidades Dependientes tienen problemas para formar y distinguir su propia identidad. No saben quiénes son realmente y tienen un bajo sentido de valor personal. Cuando se les pregunta acerca de sus fortalezas principales, muchos se encontrarán sin saber qué decir a menos que reciban retroalimentación de otra persona. Su defectuoso e incompleto sentido de identidad es exactamente la razón por la que se aferran rápidamente a otras personas. Ellos ven a esta otra persona como una especie de imagen en el espejo. Cualquier incertidumbre que sienten en su interior se resuelve mirando a esta otra persona y fusionándose con ella.

Para eliminar la tendencia de los dependientes a unirse a otra persona, es vital que aprendan cierto nivel de independencia. Deben experimentar el mundo sin una muleta para caminar por su cuenta. Su familia, amigos y parejas deben aprender a darles límites y un nivel saludable de apoyo. Sin desafíos, no pueden mejorar y crecer en su fuerza. La codependencia es una manera rápida y fácil de aplacar una herida profunda, pero nunca es una solución a largo plazo o duradera.

Comprender el estilo de apego ansioso

Cuando se trata de entender el enfoque que uno tiene de las relaciones, los estilos de apego pueden arrojar mucha luz sobre por qué ciertas personas se comportan de la manera en que lo hacen. En pocas palabras, nuestro estilo de apego nos muestra cómo conseguimos lo que queremos y las estrategias que usamos para satisfacer nuestras necesidades. Nuestros diferentes enfoques están determinados por nuestra infancia, específicamente nuestra relación con nuestro cuidador principal. Si usted tuvo un padre emocionalmente no disponible o uno que lo abandonó de alguna manera, esto afectará la manera en que usted se comporta en todas las relaciones futuras.

El estilo de apego ansioso es uno de los tres estilos dominantes y es el que se encuentra más comúnmente en individuos codependientes. El tipo ansioso se forma cuando un individuo

Codependencia

experimenta un trauma durante el período de desarrollo de su vida. Por una razón u otra, su "espacio seguro" fue volcado o destruido. Su sentido de seguridad física o emocional se vio comprometido de manera significativa y puede haber resultado en una ruptura de confianza que alteró su vida. Este incidente traumático probablemente involucró abandono, violencia, abuso emocional u otras formas de trauma.

Como su nombre lo indica, el tipo ansioso ha desarrollado un profundo sentido de ansiedad en respuesta a las relaciones y la intimidad. Lo demuestren o no, hay una hipervigilancia de los signos de abandono alimentados por un intenso miedo a quedarse atrás de alguna manera. Estos tipos anhelan la intimidad y pueden incluso fantasear con la "pareja perfecta" mientras están solteros. En las relaciones, pueden recurrir a la manipulación o a juegos en tiempos de profunda inseguridad. Están más inclinados a ser pesimistas, imaginando el peor resultado, especialmente en lo que se refiere a sus relaciones cercanas.

El tipo ansioso es más propenso a terminar en una relación de codependencia porque tienen tendencia a anteponer las necesidades de su pareja a las suyas propias. Dado que el abandono es visto como el peor resultado posible, ellos naturalmente se esfuerzan por el extremo opuesto. A los ojos del tipo ansioso, la codependencia es un signo de amor profundo e intimidad sin igual. La idea de algo menos los asusta. La codependencia les permite sentir que tienen "pestañas" sobre todo lo que sucede en la relación. Este es un mecanismo para hacer frente a sus problemas de abandono. La cercanía de la codependencia les da la ilusión de tener el control total.

Las codependencias más unidas están formadas por dos personas con el mismo estilo de apego. Cabe señalar, sin embargo, que no todas las personas que poseen este estilo de apego presentarán signos de la misma gravedad. Como con todo, todas las personas están en un espectro. Aquellos con inclinaciones severas de Ansiedad necesitarán trabajar más duro para romper sus patrones destructivos.

Al final del día, sea cual sea el tipo o estilo de apego que posea, las lecciones que se deben aprender son las mismas. Si usted vio su comportamiento o el de su pareja reflejado en estas páginas, no se sienta desanimado por haber sido llamado. Solo concéntrate en las lecciones que tienes a mano y pronto te encontrarás a ti mismo evolucionando desde tus formas codependientes.

Capítulo 3: Por el amor de los límites

Siempre que las palabras "límites" o "limitaciones" entran en la conversación, siempre se asocia con connotaciones negativas. La gente tiende a pensar que los límites llevarán a alguna forma de privación y que todo disfrute será despojado de sus vidas para siempre. Esto es, por supuesto, una idea ridícula. Los límites nos mantienen sanos y salvos. Son similares a las paredes de una casa, manteniendo una barrera saludable entre lo que es nuestro y lo que está *ahí fuera*. Los límites y las paredes no significan que vivimos en aislamiento o soledad; simplemente significa que empezamos a tener un mejor control sobre nuestros pensamientos, sentimientos y espacios. Sin fronteras, el mundo y nuestras vidas serían un caos. Empieza a ver la belleza de los límites. ¿Le gustaría vivir en una casa sin paredes? Apuesto a que no.

Una cosa clave con la que todos los codependientes luchan es - ¡lo adivinaste! - límites. Su tendencia a fusionar identidades con otro individuo significa que ya no aceptan su independencia. Empiezan a percibir la separación y la individualidad como ideas negativas. Las fronteras son incómodas y difíciles de establecer porque cualquier separación supone una amenaza para su tranquilidad. Ellos lo ven como estar solos indefinidamente en lugar de estar separados por un espacio saludable y temporal. Ya sea que te des cuenta o no, tu relación necesita desesperadamente límites. Evitar las molestias temporales ahora podría convertirse en una frustración duradera en el futuro. Tal vez incluso una relación arruinada. Muchas parejas que permiten que esto suceda miran hacia atrás con pesar, deseando haber sido fuertes cuando más importaba. No dejes que eso te suceda a ti ni a tu relación.

Para comenzar a sanar su codependencia, un paso necesario es comenzar a trabajar en límites más saludables y en la mentalidad que se necesita para hacerlos exitosos.

5 maneras vitales de construir una fuerte autoconciencia

Antes de que se puedan establecer límites, es importante que usted reconozca cuáles son sus necesidades y, lo que es más importante, cuáles no se están satisfaciendo actualmente. Esto requiere autoconciencia. Como codependiente, algunas de sus necesidades serán difíciles de admitir. De hecho, es posible que incluso se encuentre en total desacuerdo. Siempre que surjan los impulsos de no estar de acuerdo o de defenderse, considere si esta respuesta está realmente enraizada en sus necesidades o si solo está reaccionando por miedo. Es muy común que los codependientes teman el desafío de la independencia. Sin embargo, para lograr el crecimiento y la verdadera felicidad, es esencial que aceptes este desafío. La autoconciencia lo mantendrá firme y alerta sobre lo que necesita para sentirse completamente satisfecho.

1.

scriba sus pensamientos

Trate de hacer el hábito de escribir sus sentimientos y pensamientos. Observe cuando surge una emoción y tome nota de lo que trae esto a colación. Esta vez para concentrarte en tu mente te entrenará para estar más en sintonía con lo que sientes y piensas. A veces no nos damos cuenta porque nunca nos tomamos el tiempo para experimentar realmente nuestro mundo interior. Asegúrate de que lo que escribes no gira completamente en torno a tu pareja. Concéntrate en lo que sientes. Escriba sobre otras esferas de su vida o temas que le interesen en el mundo más amplio. Siéntase libre de escribir en un diario o simplemente en un documento de Word en su computadora. Dondequiera que usted elija escribir, el beneficio es el mismo.

2.

isualice su ser ideal

La mejor parte de este ejercicio es que se puede hacer en cualquier lugar, en cualquier momento, y puede tomar tan solo unos minutos. Para obtener los mejores resultados, sin embargo, le aconsejamos que lo haga a primera hora de la mañana o justo antes de acostarse, ya que es cuando es probable que su mente esté menos agitada. Cierre los ojos y empiece a formar una imagen mental de su yo futuro. ¿Cómo es su yo ideal? ¿Qué ha logrado él o ella que le enorgullezca? ¿Cuáles son las mayores fortalezas de su ser ideal? ¿Cómo actúa ante los desafíos de la vida? Ahora, imagine que este yo ideal es realmente a quien estás mirando en el espejo. Ya es su yo ideal. Acepte las fortalezas que desea tener. Ellos ya están en usted esperando ser desbloqueados.

Este ejercicio no solo le da poder, sino que también le permite ver cuáles son sus verdaderos valores. Y lo más importante, te permite reconectarte con tus sueños y tu propósito. No es necesario decir que, mientras realiza este ejercicio, es importante que mantenga todas sus visualizaciones estrictamente sobre usted y que no esté involucrado con su pareja.

3.

ídale a alguien su opinión

La idea de pedirle a alguien su opinión puede parecer aterradora, pero es una de las mejores maneras de recibir una visión honesta. Asegúrese de elegir a alguien que lo conozca razonablemente bien y en cuya opinión confíe. Además, asegúrese de que la persona con la que hable sea capaz de ser constructiva. Manténgase alejado de cualquier persona en su vida que sea demasiado crítica o poco amable. Puede hacerlo en persona, por teléfono o incluso por correo electrónico. Pregúntele a esta persona cuáles son sus fortalezas y dónde cree que están sus áreas de crecimiento. Cuando recibas esa retroalimentación, piénsalo bien. Acepte sus fortalezas y también mire sus áreas de crecimiento de una manera práctica y sensata. Cuando avance en su crecimiento personal, trate de trabajar en estas áreas lo mejor que pueda.

4.
   aga diferentes pruebas de personalidad

Ya sea la prueba de Myers-Briggs, un análisis FODA o una prueba de eneagrama, trate de divertirse con algunas pruebas de personalidad diferentes. El objetivo aquí es conocerse un poco mejor y solidificar su sentido de sí mismo. Estas pruebas no solo te darán nuevas perspectivas sobre tus atributos de personalidad, sino que también te indicarán fortalezas que quizá nunca hayas considerado antes. Identificar su tipo de Myers-Briggs y Eneagrama le ayudará a poner sus necesidades en palabras, y le darán una idea mucho mejor de dónde necesitará establecer algunos límites. Si descubre que es profundamente introvertido, puede darse cuenta de que el tiempo a solas y la soledad son muy importantes para usted. O tal vez es lo contrario y se da cuenta de que es más tiempo social con los amigos lo que necesitas desesperadamente en su vida. Tenga en cuenta estas necesidades recién identificadas y planee hacerlas una prioridad en su nuevo capítulo no dependiente.

5.

onitoree su diálogo Interno

Todas las personas se hablan a sí mismas y, aunque no nos demos cuenta, estamos fuertemente influenciados por la manera en que nos hablamos a nosotros mismos. Presta atención a tu diálogo interno cuando te enfrentes a diferentes eventos y decisiones. Cuando haces algo mal, ¿qué dice la voz de tu cabeza? Cuando haces algo bien, ¿te das el aliento positivo que mereces o le das a alguien más el crédito? Tome nota de los patrones en su diálogo interior. Fíjate cuando estás siendo duro contigo mismo.

En vez de menospreciarte por tus fracasos, trata de ser constructivo y muestra compasión. Si puede, piense en una solución en lugar de un desprecio. Si olvidó pagar su cuenta de teléfono de nuevo, no se preocupe por su olvido. Sea amable con usted mismo; quizás ha estado estresado o trabajando duro en otra cosa. ¿Qué puede hacer para evitar que esto ocurra en el futuro? Tal vez podría crear recordatorios en su teléfono o dejar notas adhesivas de colores brillantes en el refrigerador. Trate de pensar en la solución en lugar de en el problema.

"Entonces, ¿dónde exactamente debería trazar la línea?"

Utilizando las ideas de la sección anterior, es posible que haya tenido algunas ideas para los límites que puede establecer. ¡Te animo a que corras con estos y los hagas realidad! Si aún no tiene ideas claras, no se preocupe. Usted es codependiente y puede que no esté acostumbrado a pensar en términos de sí mismo todavía. Aquí hay algunas ideas de dónde puedes dibujar algunos límites:

1.
   iempo juntos

En las relaciones codependientes, es muy común que ambos socios pasen una cantidad exorbitante de tiempo juntos. Este es un buen lugar para empezar cuando estás pensando en dónde poner límites. Si se ven todos los días, sugiera pasar uno o dos días separados para concentrarse en sus pasatiempos individuales. Si viven juntos, esto puede significar pasar el día en diferentes áreas y solo verse por las tardes. Si no es realista pasar días enteros separados, considere modificar su rutina diaria para pasar unas horas en un área aislada de la casa.

2.
   areas domésticas

Es muy común que el facilitador se haga cargo de la mayoría de las tareas domésticas. Después de todo, son las parejas más activas en la relación. Una buena manera de establecer un mayor equilibrio en su dinámica es añadiendo más justicia a sus tareas domésticas. Este aspecto de vivir con una pareja es fácilmente pasado por alto, pero es un gran significante de equilibrio o desequilibrio en la relación. Si usted tiende a hacer la mayoría o todas las tareas, dígale a su pareja que ya no tendrá que soportar la mayor parte de la carga. Insista en hacer la mitad de las tareas cada uno. Si usted está inclinado a ser más gentil con ellos, podría incluso dejarles elegir qué tareas preferirían hacer. Asegúrese de cumplir con este nuevo arreglo dándoles recordatorios frecuentes o colocando una lista de tareas.

3.

alos hábitos

Este es uno grande en las relaciones codependientes. Las parejas capacitadas siempre tienen algún mal hábito que está creando tensión en la relación. Podría ser algo tan importante como una adicción a las drogas o algo menos importante como la pereza general. Dibujar límites alrededor de los malos hábitos es esencial en una relación de codependencia, especialmente si te está afectando de alguna manera. Sea firme con este límite, pero también piense en maneras de apoyarlos a través de este límite. Si necesitas que tu pareja vaya a las reuniones de AA, considera ser la persona que la lleve a cada reunión. Si quieres que tu pareja consiga un trabajo, ayúdales a buscar trabajo y a preparar un currículum deslumbrante. Si hay pequeños hábitos que le molestan, considere la posibilidad de trazar límites allí también. ¿No le gusta cuando su compañero deja sus calcetines sucios en el sofá? ¡Comience a establecer ese límite!

4.

omunicación verbal: lenguaje y tono

La comunicación verbal es difícil de dominar y es posible que tu pareja tenga tendencias que realmente te molesten. Tal vez incluso más que eso - tal vez los encuentres hirientes y perturbadores. Si tu pareja te habla de una manera que te molesta, no dudes en decirlo, especialmente si te insultan, levantan la voz, se burlan de ti o te menosprecian en momentos de ira. Los límites en torno a los estilos de comunicación contraproducentes pueden ser más difíciles de implementar ya que estas decisiones se toman de improviso, pero estoy dispuesto a apostar que hasta ahora no has luchado. El solo hecho de llamar y decirle a su pareja que ya no lo tolerará puede ser suficiente para detenerlo.

5.

oma de decisiones y planes

Si una persona en su relación constantemente toma un papel dominante, es probable que esa persona tome la mayoría de las decisiones. Algunos de estos pueden incluir en qué actividades participar, qué comer, a dónde ir y a quién ver. Si su pareja tiende a salirse con la suya cuando se trata de hacer planes, trate de señalar este hecho. Dibuje límites sobre la frecuencia con la que pueden dominar sus planes compartidos. Sugiera compartir esta decisión o asignar ciertos días a su elección y a la de su pareja. Y si es usted quien tiende a dominar, tenga la fuerza para crear este equilibrio en su relación. Si su pareja se encoge de hombros ante la decisión y le pide que elija cada vez que lo haga, insista en que lo hagan. Pueden estar indecisos, pero más tarde, sabiendo que tomaron esta decisión, los empoderará en su propia vida.

6.

ómo gastar el dinero

Esta decisión es muy importante. La falta de límites en torno a las finanzas puede generar mucho resentimiento para las parejas que no aprenden a trabajar juntas. En una relación codependiente, existe una alta probabilidad de que un socio gaste más dinero que el otro o lo dedique a algo que sea destructivo para su propio estilo de vida. Tal vez usted tiene una pareja que está gastando todo su dinero en compras y no puede decir que no. O tal vez él o ella lo está usando para pagar por sus malos hábitos. Si el dinero va hacia una actividad o hábito contraproducente, comience a trazar límites aquí. Siempre hay mejores cosas en las que invertir. Mejore su futuro juntos. Piense en todo el dinero que podría haber ahorrado para una nueva casa, un nuevo televisor o incluso unas vacaciones juntos. Únase para establecer límites sobre cómo se gasta el dinero y cuánto; ¡no se arrepentirá!

4 preguntas para eliminar la culpa antes de establecer los límites

Cuando las parejas codependientes se enfrentan a la idea de establecer límites, inevitablemente sacan a relucir la culpa que sienten. Todo esto se remonta a la noción malsana de que los límites son poco amables. Las personas codependientes sienten que esto equivale a abofetear a su pareja o a decirle que retroceda. Vamos a aclarar esto ahora mismo: ¡el establecimiento de límites no es un rechazo! Cuando se hace correctamente, no se hieren los sentimientos y todos ganan. La falta de límites puede llevar a que la gente sienta resentimiento o frustración en el futuro - y esto puede hacer un daño real a una relación romántica.

Si bien es completamente normal que las personas codependientes duden a la hora de establecer límites, necesitan reconocer que este sentimiento debe ser superado. Si la idea de establecer límites con tu pareja te hace sentir incómoda, ¡está bien! Esto es solo una prueba más de que realmente eres codependiente. La buena noticia es que esta culpa puede ser eliminada con un poco de autorreflexión. Ahora, ¡vamos a trabajar!

- **¿Cómo es que mi falta de límites me impide alcanzar mis sueños y metas?**

Codependencia

Después de utilizar las sugerencias de la sección "Autoconciencia", piense en el camino entre donde está ahora y las metas que desea alcanzar. Ya sea que se dé cuenta o no, su falta de límites está creando un obstáculo. ¿Cómo se manifiesta exactamente este obstáculo? Esto no tiene que ser el gran sueño de su vida, también puede ser sus metas a corto plazo. Por ejemplo, digamos que usted ha querido empezar a hacer ejercicio para estar en mejor forma. Si usted no está creando límites en cuanto a dinero y tiempo, esto deja menos disponible para alcanzar estas metas. Si usted está comprando a su pareja codependiente cualquier cosa que él o ella quiera, y pasando cada minuto de cada día con ellos, ¿cómo va a permitirse una membresía en un gran gimnasio? ¿Cómo vas a encontrar el tiempo o la energía para empezar a hacer ejercicio? Reflexione sobre lo satisfactorio que sería lograr finalmente estos objetivos. ¿No sería una pena que dejaras que tu relación se interpusiera? ¿Cómo te sentirás más tarde en la vida cuando te des cuenta de que tu oportunidad ha terminado?

- **¿De qué manera me sentiré más positivo después de poner estos límites?"**

Imagínese cómo se sentirá después de haber establecido con éxito estos límites. No tienes que nombrar estos sentimientos si no quieres. Solo experiméntalo mental y emocionalmente. Trata de ponerte en el lugar de su yo futuro. Podrían ser unas semanas o meses más adelante - siempre que sus límites hayan podido cosechar todos sus beneficios. Si está poniendo límites para tener más tiempo para sí mismo, piense en todas las cosas que lograrás con ese tiempo. Imagínese cómo se sentirá al ver lo mucho que ha logrado porque tuvo la fuerza para establecer esos límites. Si está considerando añadir más reglas a la forma en que se gasta el dinero, imagínese tener todo ese dinero extra en el futuro. ¿Qué vas a hacer con él? ¡Piense en las muchas cosas maravillosas a las que puede dedicar su dinero ahorrado! ¡Imagínese tomar unas vacaciones fantásticas con su pareja porque finalmente pudo restringir sus terribles hábitos de gasto!

- **¿De qué manera crecerá mi pareja si pongo estos límites?"**

Piensas que estás ayudando al no poner límites, pero esto no podría estar más lejos de la verdad. Examinemos esa creencia defectuosa por un momento. ¿Qué te hace pensar que estás ayudando al dejar que hagan lo que les plazca? ¿Es porque en ese momento no les estás causando molestias o malestar? ¿Por qué el descontento a corto plazo es el enemigo y no la frustración o insatisfacción a largo plazo? Las personas crecen a través de los desafíos. Como pareja, no es su trabajo eliminar todos los desafíos; es su trabajo asegurarse de que su pareja tenga el apoyo necesario a través de los desafíos de su vida. El apoyo significa estar a su lado sin sacrificar su bienestar.

¿Qué mejorará su pareja a través de estos nuevos límites? ¿Cómo van a crecer? Si usted está tratando de ayudar a su pareja a dejar un mal hábito, piense en el crecimiento que verán una vez que finalmente lo dejen ir. Tal vez tengan mejor salud, más dinero y más tiempo para concentrarse en sus metas. Pueden aprender a ser más pacientes, más empoderados, e incluso pueden empezar a ser una mejor pareja hacia usted.

- **¿Cómo será mi relación más fuerte después de mejores límites?"**

Con las respuestas a todas las demás preguntas en mente, reflexione sobre el impacto general que estos límites tendrán en su relación. Ahora ha identificado las formas en que se sentirá más positivo y el crecimiento que su pareja verá; ¿Qué significa esto para su relación en general? Su relación puede ser cómoda ahora, pero ¿qué pasa si su relación fue empoderadora en su lugar? Imagine lo que podrían lograr juntos.

Consejos esenciales para establecer límites saludables con éxito

1.
   gregar límites de la manera más fluida posible

He aquí un consejo profesional para establecer límites con resultados positivos: entretejerlos a la perfección y no hacer de ellos un gran problema. Un error de principiante que cometen los nuevos fijadores de límites es acercarse al tema con un aire pesado y triste e infundir demasiada intensidad en la conversación. ¡No hay necesidad de tratarlo de esta manera! Si quieres reservar un día a la semana para hacer ejercicio, solo tienes que decir: "Oye, cariño, voy a empezar a concentrarme en ponerme en forma". ¡Me muero por ponerme en forma! Estoy pensando en hacer del sábado mi día de trabajo en solitario. Te va a encantar mi nuevo cuerpo caliente - ¡espera!" Fíjense qué casual y alegre es esto. Al traer nuevos cambios de esta manera, no se siente aterrador y serio. Es solo un pequeño cambio nuevo - ¡no es gran cosa! Es menos probable que tu pareja se preocupe y verás por ti mismo lo increíblemente normal que suena trazar límites.

2.

se lenguaje positivo

Si está tratando de sugerir más tiempo separados, *no* diga: "Cariño, creo que necesitamos pasar más tiempo separados. Me está volviendo loco y ya no puedo soportarlo". Este lenguaje negativo y emocional preocupará a su pareja. Recuerde que este no es un evento negativo, sino todo lo contrario. Su relación está evolucionando. Sea positivo y emocionado por su nuevo capítulo. Si estás hablando de tus nuevos límites con tu pareja, infunde en la conversación un lenguaje positivo. Concéntrese en los beneficios que verá en lugar de lo difícil que va a ser.

3.

segure a su pareja

No hace falta decir que la primera conversación que tengas sobre los límites puede provocar un poco de ansiedad en tu pareja. Espere esto y no deje que lo desanime. Cuando esto suceda, asegúrese y recuérdele a su pareja que la razón por la que quiere estos límites es porque quiere mejorar su relación. ¿Por qué? Porque ama a su pareja y quiere asegurar su felicidad para el futuro que viene. Cuando su pareja parezca preocupada, continúe mencionando este hecho. La inacción es un significante mayor de nuestra apatía en una relación; si usted está tratando activamente de hacer mejoras, esto es evidencia de que realmente se preocupa por el futuro de su relación.

4.

anténgase firme y no vacile

Dado que los límites son nuevos en su relación, es posible que su pareja se retracte un poco. Prepárese con anticipación para saber cómo responderá. Hagas lo que hagas, mantente firme en tus afirmaciones y no retrocedas. Si usted parece ambivalente o incierto, esto solo aumentará las dudas de su pareja. Manténgase seguro y finalmente convencerá a su pareja de que esta es la mejor forma de actuar. Si su pareja es propensa a la manipulación o a los viajes de culpabilidad, haga preparativos adicionales para estas tácticas. A ver si puedes adivinar cómo se resistirán y conseguirán una respuesta efectiva. Tengan en mente los beneficios de sus límites y no permitan que los arrastren de regreso a sus viejos patrones destructivos.

5.

o haga amenazas

Si su pareja no respeta los límites que usted ha alineado, es importante que haya algunas consecuencias para esto - pero solo maneje este resultado cuando ocurra. No haga amenazas en previsión de este evento. Por el momento, trate de creer que su pareja tomará en serio estos límites. Tan pronto como las amenazas entran en la conversación, usted comienza a desviarse hacia un territorio emocionalmente abusivo. Es absolutamente esencial que su pareja empiece a hacer cambios por amor a usted y a su relación, y no temer por las consecuencias con las que usted la ha amenazado. Amenazarlos infundirá mucha negatividad en la situación y solo empeorará la codependencia.

6.

nfatice el cambio en ambos lados

Si desea que su pareja coopere, evite que parezca que es la única persona que necesita cambiar. Recuerde, ambos están co-creando esta situación. Como establecimos en el capítulo anterior, se necesitan dos personalidades para formar codependencia. Incluso si usted siente que su pareja tiene más trabajo que hacer, es importante que usted también asuma la responsabilidad de sus acciones. Diles lo que vas a hacer como parte de este nuevo cambio. Es mucho más probable que su pareja responda positivamente si usted hace que parezca que este es un viaje en el que se están embarcando juntos. No los responsabilice únicamente a ellos.

7.

umpla con sus propias reglas

Si va a poner límites en su relación, entonces usted también debe respetarlos. ¿Cómo puede esperar que su pareja los tome en serio si usted no lo hace? Es completamente injusto pedirle a su pareja que cambie y luego no hacer su propio trabajo. Si usted está tratando de restringir el hábito de drogas de su pareja, entonces es justo que usted controle su dependencia del alcohol. Una buena regla empírica es tratar cada límite que crees para tu pareja como un límite para ti también. No seas hipócrita. Mantenga el nivel del campo de juego en todo momento y escuche sus propias reglas. Usted ayuda a establecer el tono de la seriedad con la que se pueden tomar sus límites.

Capítulo 4: Desarrollando una poderosa autoestima

Un breve mensaje del Autor:

¡Hey! Siento interrumpir. Solo quería saber si está disfrutando el audiolibro de Habilidades de conversación 2.0. ¡Me encantaría escuchar sus pensamientos!

Muchos lectores y oyentes no saben lo difíciles que son las críticas y lo mucho que ayudan a un autor.

Así que estaría increíblemente agradecido si pudiera tomarse solo 60 segundos para dejar una revisión rápida de Audible, ¡incluso si es solo una o dos frases!

Y no te preocupes, no interrumpirá este audiolibro.

Para ello, solo tienes que hacer clic en los 3 puntos de la esquina superior derecha de la pantalla dentro de la aplicación Audible y pulsar el botón "Evaluar y Revisar".

Esto le llevará a la página de "Evaluar y Revisar" donde podrá introducir su clasificación por estrellas y luego escribir una o dos frases sobre el audiolibro.

¡Es así de simple!

Espero con interés leer su reseña. ¡Déjeme un pequeño mensaje ya que yo personalmente leo cada crítica!

Ahora lo guiaré a través del proceso mientras lo hace.

Solo tienes que desbloquear el teléfono, hacer clic en los 3 puntos de la esquina superior derecha de la pantalla y pulsar el botón "Evaluar y Revisar".

¡Introduzca su clasificación por estrellas y listo! Eso es todo lo que necesita hacer.

Le daré otros 10 segundos para que termine de compartir sus pensamientos.

----- Esperar 10 segundos -----

Codependencia

Muchas gracias por tomarse el tiempo para dejar una breve reseña de Audible.

Estoy muy agradecido ya que su revisión realmente marca una diferencia para mí.

Ahora volvamos a la programación estipulada.

La salud general de una relación depende de los dos individuos que la componen. No es su propia entidad. Si eres una persona profundamente insegura, vas a llevar esas inseguridades a tu relación. Si estás celoso mientras estás soltero, también vas a ser un compañero celoso. Estos problemas no desaparecen tan pronto como alguien más aparece en la foto. Esperar que una relación te arregle es otra manera en que se forma la codependencia. Las parejas se aferran unos a otros con la esperanza de que disminuya su confusión interior, lo que los lleva a creer que es la mejor cura. Cuando parece que no funciona, se aferran con más fuerza hasta que el intento se vuelve en contra. Para estar en una relación saludable, usted necesita trabajar en ser un individuo saludable. Una manera de hacerlo es trabajando en su autoestima. Lo creas o no, la autoestima rota es a menudo la raíz de muchas dinámicas de relación defectuosas. Esto no es menos cierto en el caso de las codependencias.

Los consejos y ejercicios en este capítulo contribuirán a un sentido más fuerte de uno mismo y una autoestima más poderosa. Tómese el tiempo para pensar en usted y solo en usted.

Cómo la alta autoestima puede mejorar su codependencia

Las parejas codependientes tienden a negar la conexión entre la autoestima y la codependencia. Muchos insisten en que su codependencia nace de un profundo amor y compromiso mutuo, pero esto es una ilusión. El amor profundo y el compromiso pueden existir, pero muchas parejas son capaces de sentir lo mismo sin recurrir a patrones insalubres. Una de las mayores diferencias es que las parejas sanas tienen niveles más altos de autoestima. Estas son las mejoras que la autoestima puede hacer en la dinámica diaria:

Ejemplo #1

Baja autoestima: Frecuentemente dudas de ti mismo y te sientes indeciso. Esto resulta en inacción acerca de cómo alcanzar sus metas. Ni siquiera estás seguro de que sean buenas metas. En general, usted se siente sobrecargado de escepticismo acerca de sus elecciones en la vida. Esta es la razón por la que usted confía en que su pareja le dirá qué hacer.

Alta autoestima: Cuando se trata de sus objetivos, usted confía en que puede encontrar el curso de acción correcto. Esto no significa que no cometerá ningún error en el camino, pero confía en que, si lo hace, descubrirá cómo solucionar el problema y lo hará en consecuencia. Escuche los comentarios de su pareja, pero nunca permita que sea el voto decisivo, a menos que esté de acuerdo.

Ejemplo #2

Baja autoestima: Parece que haces todo mal. Cada vez que intentas hacer algo nuevo, siempre sale mal y falla. No crees que tienes ninguna habilidad fuerte. Usted prefiere que su pareja haga todo porque usted no puede hacer nada tan bien como ellos. Crees que eres muy incompetente.

Alta autoestima: Puede que no lo hagas todo bien todo el tiempo, pero sabes que sigues siendo una persona muy competente. Hay una curva de aprendizaje para todos y siempre lo haces bien con el tiempo. Usted se siente completamente cómodo cuidando de sí mismo y está feliz de compartir tareas u otras tareas con su pareja, ya que sabe que puede manejarlas igual de bien. Nadie es perfecto, pero sabes que puedes hacer cualquier cosa que te propongas.

Ejemplo #3

Baja autoestima: Tienes tanto miedo de estar sola. Esta es la razón por la cual usted no puede implementar ningún límite en su relación; está aterrorizado de que esto cause que su pareja lo abandone. Incluso cuando su pareja hace algo que le molesta, usted se muerde la lengua y se guarda sus sentimientos para sí mismo. Solo quieres complacerlos para que se queden contigo. No sabes quién eres sin ellos y no estás seguro de cómo seguir adelante por ti mismo. Los necesitas desesperadamente en tu vida para sentirte seguro.

Alta autoestima: Por supuesto que quieres a tu pareja - después de todo, ¡por eso estás con ellos! - pero estarás bien si tu relación no funciona. Estás en la relación porque quieres a tu pareja, no porque la *necesites*. No tienes ningún problema en ser honesto y poner límites con tu pareja porque sabes lo que necesitas para ser feliz en una relación. Si su pareja no está dispuesta a cooperar, es una clara señal de que no es la persona adecuada para usted. Sabes lo que vales y lo que vales fuera de estar en una pareja. Su relación consiste en dos personas enteras - no dos mitades.

Deje la Codependencia con estas 22 Afirmaciones de Autoestima

Las afirmaciones positivas son una forma comprobada de mejorar el diálogo personal. Al recitar mantras de empoderamiento, su diálogo interno cambia y todas las tendencias de autosabotaje pueden ser abandonadas con el tiempo. Para ayudar a construir su autoestima y solidificar su confianza interior, trate de hacer que estas afirmaciones positivas formen parte de su conversación personal. La práctica continua reconfigurará su cerebro para sentir instantáneamente una mayor satisfacción personal.

Codependencia

1. odo lo que necesito ya está dentro de mí.
2. oy el maestro de mis propias emociones.
3. oy superaré los obstáculos con renovada fuerza.
4. oy mi propia fortaleza. Yo, solo, tengo el control de lo que entra y lo que sale.
5. uedo suministrar fácilmente lo que necesite.
6. oy capaz de hacer grandes cosas.
7. ejé atrás mis problemas pasados y doy la bienvenida a días más brillantes.
8. uedo mantenerme orgullosa y valientemente por mi cuenta.
9. stoy abierto y listo para experimentar mi verdadero poder.
10. ada paso que doy me lleva al éxito.
11. stoy alimentado por mi magia interior.

Codependencia

12.
   stoy inhalando una poderosa confianza y exhalando dudas sobre mí mismo.

13.
   oy más fuerte que nunca.

14.
   stoy completo y soy suficiente.

15.
   stoy zumbando de brillantez.

16.
   odo lo que toco se infunde de luz.

17.
   oy una fuerza imparable.

18.
   oy una copa desbordante de amor y alegría.

19.
   oy fuego y estoy ardiendo por delante.

20.
   l universo me apoya a mí y a todos mis sueños.

21.
   a belleza está a mi alrededor y la creo dondequiera que voy.

22.
   oy es el comienzo del mejor capítulo de mi vida hasta ahora.

8 ejercicios para desarrollar una poderosa autoestima

Lo mejor de la autoestima es que se puede construir. Lo que sientes por ti mismo ahora no es lo que sentirás para siempre. La única razón por la que tiene baja autoestima es porque su cerebro está acostumbrado a crear pensamientos negativos sobre usted mismo, pero esto no es indicativo de quién eres realmente. Es hora de romper el patrón para siempre y empezar a mirarte a ti mismo con amabilidad. Posees muchas cualidades positivas y es hora de que empieces a reconocerlo.

1.

l diario de las victorias

Sus días están llenos de victorias. Puede que no se dé cuenta, pero es verdad. La razón por la que no te das cuenta es porque estás esperando que una gran victoria caiga del cielo, pero ¡logras pequeñas y medianas victorias todos los días! Estos merecen ser celebrados también. La cosa es que no es realista lograr una gran victoria todos los días. ¡Nadie hace eso! Para prepararte para una gran victoria, empieza un diario y llénalo con tus pequeñas victorias. Cada día, haga una lista de tres cosas que hizo bien - tanto las ganancias intencionales como las no intencionales. ¿Te has hecho un sándwich absolutamente delicioso? ¿Pasó menos tiempo en los medios sociales hoy que ayer? ¿Quizás le hiciste un cumplido a un extraño y eso los hizo notablemente felices? ¡Todas estas son victorias que hay que celebrar!

2.

ulpe a las circunstancias, no al individuo

Cada vez que cometemos un error, tendemos a culpar a nuestra personalidad. Esto no siempre es justo. La próxima vez que falle o cometa un error, trate de culpar a las circunstancias. Por ejemplo, supongamos que olvidó recoger los comestibles de camino a casa desde el trabajo. En vez de llamarte olvidadizo o estúpido, trata de llamar a las circunstancias que te trajeron aquí. Atribuya este error a lo ocupado que ha estado últimamente y al estrés que ha estado sintiendo. ¡Te habrías acordado de hacer la tarea si no estuvieras tan cansado! No es quién eres en el fondo. Ahora, es importante no detenerse en el error. Empiece a pensar en soluciones para la próxima vez, en caso de que surjan las mismas circunstancias.

3.

able con alguien que lo haga sentir bien

La forma en que nos sentimos sobre nosotros mismos está fuertemente influenciada por la gente que nos rodea. Si pasas mucho tiempo con gente que habla negativamente sobre ti o sobre el mundo en general, vas a absorber esta negatividad en tu propia conversación. Si no puedes eliminar a todos los que te hacen sentir mal contigo mismo, asegúrate de pasar tiempo con personas que te hacen sentir bien. Pase tiempo con ellos sin traer a su pareja, si puede. ¿Te hacen sentir raro? ¿Inteligente? ¿Capaz? ¿Perspicaz? Apóyese en estos buenos sentimientos y diviértase con su nuevo amigo. ¡Y reconozca que usted realmente es todas estas maravillosas cualidades que usted siente!

4.

ctívese

Activarse puede sonar como una manera extraña de construir la autoestima, pero créalo o no, funciona de maravilla. Cuando vamos de excursión o trotamos un par de millas, nos enfrentamos a pruebas reales de nuestra capacidad para lograr algo. Simplemente estamos haciendo y luego teniendo éxito. Cuando nos sentamos y cocinamos en nuestros propios pensamientos, es fácil que la negatividad y la duda de uno mismo se inunden. Tenemos que acostumbrarnos a *hacer* y luego mirar hacia atrás para ver lo lejos que hemos llegado. Cuando nos ponemos activos, podemos poner distancia a nuestro progreso o admirar la vista desde nuestra meta. ¡Es una gran manera de recordarnos a nosotros mismos de nuestro poder porque lo estamos usando para darnos pruebas! Las endorfinas de la actividad y la oportunidad de salir de la rutina también le darán un estímulo inmediato del estado de ánimo.

5.

esponda al diablo en su Hombro

Algunos de nosotros tenemos una relación continua con el diablo en nuestro hombro. No importa lo que hagamos, siempre hay una pequeña voz que nos dice que aún no somos lo suficientemente buenos. Esta voz puede incluso convencernos de que nos mantengamos alejados de cualquier posible riesgo porque fracasaremos o porque no tenemos la capacidad de triunfar. Es probable que hayas escuchado esta voz antes. Sin embargo, apuesto a que normalmente escuchas y te quedas callado cuando lo escuchas. A partir de ahora, no dejarás que esta voz te haga sentir mal. Incluso si te hace sentir loco, responde al diablo en tu hombro. Pelea, si es necesario. Pregúntele qué pruebas tiene para apoyar lo que está diciendo y devuelva las pruebas contradictorias. Piensa en cómo alguien cercano a ti te defendería en esta situación.

6.

antenga una posición de poder

En un estudio reciente, se descubrió que los participantes que estaban en una postura de poder vieron una disminución en sus niveles de estrés y un aumento en su nivel de testosterona (lo que determina la confianza). Esto no es ninguna sorpresa, por supuesto, ya que el lenguaje corporal es una forma conocida de influir en nuestro propio estado de ánimo. La próxima vez que se sienta sin poder, triste o con poca energía, póngase en una de estas poses de poder durante al menos dos minutos.

- árese con orgullo con las piernas separadas y las manos

apoyadas firmemente en las caderas. Asegúrese de sacar el pecho y enderezar la espalda.

- ecuéstese en su silla y ponga los pies sobre la mesa. Mantenga las manos cruzadas detrás de la cabeza y abra el pecho.

- ecuéstese en su silla con las piernas separadas. Coloque un brazo sobre algo que está a su lado (como una silla) y siéntase libre de hacer lo que quiera con el otro brazo.

Intente evitar las poses de baja potencia evitando cruzar los brazos, doblando las manos o encorvarse en su asiento. Estos tendrán el efecto inverso. ¡Elija una pose de poder y hágalo ahora!

7.
ree un ego alterado

Usar un ego alterado es un método probado para aumentar tu confianza. En un estudio sobre luchadores de artes marciales mixtas, se descubrió que la creación de un alter ego les ayudaba a sentirse y actuar mejor en el ring. Piensa en todas las cualidades que admiras y empieza a construir un personaje que encarne todas estas cualidades. Incluso puedes pensar en un nombre para este personaje, si quieres. La próxima vez que te encuentres en un escenario en el que te sientas tímido o inseguro, interpreta a este personaje. Pregúntese qué diría

Codependencia

este personaje si estuviera en esta posición y considere lo que haría, cómo se comportaría, etc. Si estás sacando a este personaje en público, trata de no usar su nombre falso o dales una nueva vida, ya que puede ser incómodo si la gente se entera de que has estado fingiendo. Asegúrate de que sigues siendo tú, pero la versión 2.0 de ti. Para un poco más de diversión, puedes incluso jugar a fingir que este personaje tiene un superpoder. Pero esta vez, es muy importante que no intentes mostrarlo en público.

8.

rátese a sí mismo como a un ser querido

La próxima vez que te veas hablando negativamente sobre quién eres o qué has hecho, quiero que mantengas esos pensamientos. Ahora, en vez de decírtelas a ti mismo, quiero que pienses en decírselas a alguien a quien amas. ¿Cómo se sentiría si oyera a alguien hablarles así a sus seres queridos? Si te hace sentir enojado o molesto, ésta es la respuesta correcta. Esto debería mostrarle que la auto comunicación negativa tampoco es la manera correcta de hablar con usted mismo. Si quieres criticarte a ti mismo, piensa en cómo criticarías a alguien que realmente te importa. Lo harías constructivo y gentil, ¿no? Tal vez, incluso se tomaría el tiempo para recordarles sus fortalezas. Imagina formar esta crítica constructiva para otra persona y jura que solo te criticarás a ti mismo de la misma manera amable.

Codependencia

Otra alternativa a este ejercicio es imaginarse a usted mismo hablando negativamente con su hijo. ¿Sabes cómo eras cuando eras pequeño? ¿Un niño pequeño, incluso? ¿Te imaginas hablarle tan negativamente a ese niño pequeño? Apuesto a que al instante empezarías a sentirte mal. Nuevamente, forme una crítica como si estuviera hablando con este niño. Esta es la única manera correcta de criticarse a sí mismo.

Capítulo 5: Romper los patrones destructivos

Las parejas codependientes aguantan mucho uno del otro y a veces esto incluye muchas tendencias destructivas. Debido a la naturaleza aferrada y habilitadora de las codependencias, estos hábitos y patrones rara vez se tratan de manera adecuada. Cuando el objetivo principal gira en torno a hacer que su pareja se quede sin importar lo que suceda, un montón de comportamiento problemático es barrido bajo la alfombra. Entonces, la negación se instala. Las parejas se sienten demasiado cómodas en la dinámica existente - tan cómodas que se permite que el comportamiento increíblemente poco saludable se vuelva normal. Lo más probable es que su relación también esté llena de malos hábitos que necesitan ser quebrantados. Es posible que usted ni siquiera sea consciente de su impacto y del papel que juegan en alimentar la toxicidad de su relación. No importa cuánto trabajo haga con su mente; si sus acciones no reflejan esa mentalidad evolucionada, derrota todo el propósito del auto trabajo. No hay mejor momento que ahora para acabar con sus patrones destructivos.

5 maneras de derrotar a los celos intensos

La naturaleza aferrada de una relación de codependencia significa que ambos miembros de la pareja, naturalmente, tienen miedo de que la otra persona los abandone. Esto a menudo puede resultar en celos intensos. Uno o ambos miembros de la pareja mirarán a las personas que consideran amantes potenciales de su pareja con un escrutinio intensificado. No hay forma de saber quiénes serán estos "amantes potenciales", pero quienquiera que sean, el compañero celoso tirará de su pareja en la dirección opuesta. Cuando los celos están en sobremarcha, esto puede resultar en el aislamiento de ambos miembros de la pareja, ya que esta es la única manera en que pueden asegurar su protección de los individuos que los ponen celosos.

Cuando los celos y la posesividad están en su peor momento, también puede haber celos sobre absolutamente cualquiera que esté cerca de la pareja en cuestión. Estos pueden ser amigos y a veces hasta familiares. La pareja celosa siente la intensa necesidad de ser la única y no quiere que su "especial" cercanía sea rivalizada de ninguna manera. No hace falta decir que los celos en cualquier forma pueden llevar a un comportamiento destructivo, si no se controlan. Mientras que los momentos fugaces de celos son normales, se consideran serios cuando la pareja comienza a tomar acción debido a sus celos. Esto puede ser algo como acechar a esta persona en los medios sociales o tratar de limitar su tiempo con nuestra pareja. Ponga fin a los celos de raíz antes de que rompa su relación.

1.
Qué pasaría si sus funciones se invirtieran?

Durante los momentos de celos, esencialmente estamos tratando de adivinar cómo se siente nuestra pareja en ese momento. No tenemos ningún hecho, solo suposiciones desinformadas alimentadas por nuestras inseguridades. Estamos tan obsesionados con pensar en nuestra pareja como un "otro" distante que olvidamos que el terrible resultado que estamos imaginando no tiene tanto sentido.

Digamos que estás en una fiesta y hay una persona atractiva en la habitación. Sospecha que su pareja se siente atraída por ellos y su mente se ve invadida por pensamientos horribles en los que le dejan por esta otra persona. En lugar de seguir imaginando este horrible escenario, quiero que imaginen un escenario inverso. ¿Y si hubiera una persona atractiva en la habitación que te atrajera? ¿Qué estaría pasando por tu cabeza? ¿Qué tan probable crees que sería que consideraras huir con esta persona y dejar a tu pareja? ¿Olvidarías instantáneamente a tu pareja en ese mismo instante? La respuesta es probablemente no. Lo que es más realista es que te darías cuenta de esta atractiva persona por un momento y luego seguirías adelante con tu vida. Lo más probable es que esto también sea así para su pareja. La próxima vez que se sienta celoso, pregúntese cómo actuaría si sus papeles fueran invertidos.

Codependencia

2.

tilice su gran imaginación a su favor

La gente celosa suele tener una imaginación fantástica. Con muy poca información pueden ir a su propio mundo e imaginar el peor resultado. La próxima vez que te imagines lo peor, quiero que intentes lo contrario. Quiero que uses tu imaginación para pensar en el mejor escenario posible. ¡No hay razón para que esto sea menos probable que el peor de los casos! Si su pareja tiene un compañero de trabajo atractivo y usted se está imaginando que se enamoran mientras trabajan juntos en un proyecto, deténgase ahí mismo y dele la vuelta. Imagínate a tu pareja mirando a esta persona y pensando en lo bien que te ves. Este puede ser el momento en que se den cuenta de que "Wow, realmente debo estar enamorado de mi pareja porque a pesar de que esta otra persona es objetivamente atractiva, no me siento atraída por él / ella". ¿Qué pasa si, en cambio, su pareja gasta todo el dinero? tiempo hablando de ti? Estas posibilidades son igualmente probables. ¿Por qué siempre tiene que ser lo peor?

3.

able con su pareja

A veces no hay mejor solución que hablarlo. Sea honesto con su pareja y dígale cómo se siente acerca de esta otra persona. La gente celosa llega a las peores conclusiones y es solo cuando escuchan la retroalimentación de su pareja que se dan cuenta de lo ridícula que es la suposición. Su pareja puede ser capaz de aclarar que no, no estaba mirando a esa persona porque la estaba mirando, solo pensó que se parecía mucho a su prima. Nunca se sabe hasta que se saca el tema. Su pareja le asegurará que todo está bien y que rápidamente tendrá sus sentimientos de celos resueltos. Hazlo solo cuando tus celos te molesten de verdad, y evita mencionarlo cada vez que lo hagas. Siempre que puedas, debes tratar de manejar tus pensamientos por ti mismo. No confíe en su pareja para que le arregle todo.

4.

cepte que la atracción es normal

Usted podría tener la pareja más leal del mundo que adora el suelo sobre el que usted camina - incluso esta persona va a encontrar a otras personas atractivas. Así es como estamos biológicamente conectados. La atracción es completamente normal. No puedes detenerlo. Por difícil que sea, tendrás que aceptar esta realidad. En lugar de sentirse herido por este impulso humano, vea si puede modificar su psique para verlo como algo normal. Todo el mundo siente atracción. La atracción no es una elección, es solo otra sensación de calor, frío, hambre o sed. Los sentimientos de atracción no son lo mismo que el amor y ciertamente no son lo mismo que hacer trampa. Mientras su pareja no sea irrespetuosa, no es razón para castigarla.

5.

ecuérdese que los sentimientos son diferentes de las acciones

La gente celosa se enreda en la atracción como si fuera lo mismo que hacer trampa o coquetear, pero esto no podría estar más lejos de la verdad. Como establecimos en el punto anterior, la atracción es un impulso normal. Cuando te encuentres resentido con tu pareja por su posible atracción hacia alguien, recuérdate a ti mismo que esto no es una acción que estén tomando. Hay una diferencia entre sentir hambre y atiborrarse de comida en un festín. Alguien puede tener sed, pero eso no es lo mismo que tomarse una jarra de cerveza. Recuérdese que su pareja no ha tomado ninguna acción, así que no hay razón para sentirse molesto o celoso.

6.

econozca que sus sentimientos son un reflejo de usted, no de ellos

Lo que la gente no se da cuenta es que sus sentimientos hacia los demás no son indicativos de la realidad de nadie más. Tus celos son, de hecho, un reflejo de tu propia realidad interior y de tus propias inseguridades. Si deseas ser más alto, estarás celoso de la gente alta cuando, de hecho, a tu pareja no le importa en absoluto este factor. Un paso clave para derrotar los celos es aceptar este hecho. Tus sentimientos dicen más sobre ti que nadie. Si te obsesionas con una idea, es probable que refleje mejor tus inseguridades que la sensación real de atracción que tiene tu pareja hacia otra persona.

Cómo romper el patrón de abuso narcisista

Como establecimos en un capítulo anterior, muchos narcisistas terminan en relaciones de codependencia. Los narcisistas disfrutan encontrando un facilitador y, desafortunadamente, muchos disfrutan haciéndolos doblegarse a todos sus caprichos. Si actualmente estás en una relación de codependencia con un narcisista o te estás recuperando de uno, entonces existe la posibilidad de que hayas sufrido un abuso narcisista. Antes de comenzar a romper el patrón, es importante que comprenda cómo funciona el ciclo narcisista:

-

ETAPA UNO - El Pedestal

Cuando un narcisista está obteniendo lo que quiere o satisfecho con la forma en que lo trata, responderá colocándolo en un pedestal. En esta etapa, puede ser casi difícil creer que el narcisista es verdaderamente un narcisista. Parecerán tan dulces y cariñosos, quizás incluso atentos, como intentan ocultar lo mejor de sí mismos su lado oscuro. Por un corto tiempo, te sentirás como si estuvieras en la cima del mundo, como si tu compañero narcisista realmente te apreciara. Es importante recordar que solo están siendo tan amables contigo porque están obteniendo lo que quieren. Su objetivo es animarte a que continúes dándoles lo que quieren.

-

SEGUNDA ETAPA – La "Traición"

Codependencia

Tan pronto como el narcisista deje de actuar *a* su manera, verás un lado completamente diferente de ellos. Pueden empezar a sentirse victimizados, amenazados o simplemente ofendidos. Con frecuencia, el desencadenante puede parecer completamente inofensivo, aunque usted comenzará a reconocer los desencadenantes comunes cada vez. Todo se reduce a lo que amenaza su visión de que ellos son el centro del mundo. Esto puede variar ligeramente con cada narcisista. Esta traición percibida los empujará al modo de ataque y puede llevar a mucho abuso verbal, mentiras, manipulación, acusaciones y otras formas de abuso emocional. Aquí es donde el narcisista está en su peor momento, tratando activamente de dominar y forzar a la otra persona a someterse.

●

ETAPA TRES - El Descarte

La forma en que el narcisista actúa en esta etapa depende de la respuesta que reciba en la segunda etapa. Si lo encuentran aceptable, dejarán de ser agresivos. En cambio, puede haber juegos mentales como el tratamiento del silencio. Sin ser agresivo o abierto, el narcisista comenzará a plantar las semillas de la primera etapa de nuevo. Si el narcisista no está contento con la forma en que respondiste a ellos (y a veces no se sabe qué es lo que va a desencadenar esto), te descartarán, todo por no aguantar su terrible comportamiento. Harán esto mientras te hacen parecer el villano mientras que ellos son, por supuesto, la víctima. No importa lo razonable que seas en este momento, el narcisista está decidido a hacer una salida dramática. Las parejas que aún no están acostumbradas al ciclo encontrarán esta etapa muy desgarradora ya que pueden pensar que están perdiendo al narcisista para siempre.

-

CUARTA ETAPA - El Regreso

Si le das una oportunidad al narcisista, volverán arrastrándose. Una vez que terminan de remover el drama, el narcisista tratará de fingir que nunca lo hicieron o dijeron algo terrible. Esperarán que tú también intentes dejarlo pasar. Si los perdonas y les permites que se salgan con la suya, empezarás de nuevo en la primera etapa, donde el narcisista comenzará a ducharte de nuevo con afecto. Esta etapa final es crucial ya que determina si el ciclo continúa o si finalmente mejora a partir de aquí. Es en este punto que el habilitador del narcisista debe pensar en establecer algunas reglas reales.

Ahora que hemos establecido las cuatro etapas del ciclo narcisista, podemos finalmente trabajar en las lecciones esenciales que todos los facilitadores deben aprender.

1.

ntienda que usted está a cargo de romper el ciclo

No se equivoque, si quiere cambiar la forma en que se desarrolla este ciclo, depende de usted tomar medidas y exigir mejoras. El narcisista no hará ningún cambio por su cuenta. Seguirán por el mismo camino porque siempre les ha funcionado. No tienen un nivel lo suficientemente alto de empatía como para cambiar por sí mismos por el bien de tu felicidad. Su prioridad es conseguir lo que quieren y creerán que esta es la manera correcta hasta que les muestres que ya no funciona. El narcisista no cambiará, así que usted debe hacerlo.

2.

unca se culpe a usted mismo

A pesar de que sus demandas están a cargo de romper el ciclo, esto no significa que deba culparse a sí mismo si sale mal. Cuando tu narcisista muestra un comportamiento abusivo, nunca es tu culpa. Hacerlos responsables de sus decisiones. Tan pronto como caigas por algo que no es tu error, el narcisista sentirá que ha ganado. Se sentirán victoriosos en ese momento y, lo que es peor, esto los animará a portarse mal en el futuro. Si saben que te culparás a ti mismo y les dejarás salir impunes, continuarán por este camino perturbador. Si ellos tomaron la decisión, solo ellos deben cargar con la culpa.

3.

rometa asegurarse de que cada violación sea castigada

Siempre recuerda que los narcisistas solo quieren salirse con la suya. Enséñeles que el abuso solo los alejará más de su deseo. Siempre que hagan o digan algo hiriente, castíguenlos retirándose de la situación. Antes de hacerlo, hágales saber que usted está enojado y que no cooperará de ninguna manera si están recurriendo al abuso.

Codependencia

Demuéstreles que tan pronto como el abuso entra en la conversación, usted no está participando. La remoción de la situación es usualmente el mejor curso de acción ya que algunos narcisistas encuentran placer en las grandes demostraciones de emoción. Para ellos, esto significa que te preocupas y esta emoción puede ser usada en tu contra. Incluso si el narcisista dice algo ligeramente insultante, empezarán a aprender que incluso esto es inaceptable si dejas de permitir que se salgan con la suya.

4.

lámelos a todos para que se enteren de todo

Utilizando el ciclo narcisista que se detalla arriba, vigila en todo momento en qué etapa se encuentra tu narcisista. Cada vez que los veas haciendo un movimiento de poder o tratando de manipular la situación de alguna manera, llámalos. Esto es frustrante para el narcisista porque siempre piensan que son más listos que la gente que los rodea. Si les haces saber que estás al tanto de sus tácticas, esto les mostrará que sus métodos habituales no funcionan. Al señalar sus formas manipuladoras, usted puede acorralarlos para que sean más honestos con usted.

5.

ntienda que la etapa dos es inevitables

Desafortunadamente, no hay manera de evitar la traición percibida cuando se trata del narcisista. A menos, por supuesto, que planees dejarles hacer lo que quieran en todo momento. Aunque usted no

Codependencia

puede evitar sus emociones fuertes, puede ayudarles a encontrar mejores maneras de expresarlas. Idealmente, estas formas mejoradas no deberían implicar ninguna forma de abuso. Si el narcisista está teniendo un mal día, entonces siempre haz lo que puedas para protegerte de las consecuencias de la segunda etapa. Si se encuentra en un lugar frágil, es posible que desee alejarse por un tiempo y apagar el teléfono. O tal vez meditar antes de decidir hablar con ellos.

6.

plicar límites más estrictos en la cuarta fase

El narcisista tiene tiempo para calmarse en la tercera etapa, así que para cuando la cuarta etapa comience a rodar, trata de poner límites más fuertes. Esta es la etapa donde el ciclo termina y comienza de nuevo. Si quieres empezar con una dinámica más saludable, acláraselo al narcisista una vez que la gran explosión se haya calmado. Es en este momento cuando el narcisista tendrá más probabilidades de absorber lo que estás diciendo. Si no está seguro de qué límites establecer, considere las siguientes preguntas: ¿cuál fue el detonante esta vez? ¿Qué respuestas abusivas o insalubres mostraron cuando se molestaron? ¿Por qué te sentiste más herido? Ponga límites alrededor de su comportamiento abusivo y discuta maneras más saludables en las que puedan dar a conocer sus quejas. Sea claro acerca de qué comportamientos considera inaceptables en la segunda etapa y sea firme acerca de cómo habrá consecuencias la próxima vez.

7.

epa que el apego o la adicción no es lo mismo que el amor

Si tienes una relación con un narcisista abusivo, considera buscar ayuda profesional o abandonar la situación, especialmente si crees que tu bienestar emocional está en juego. A menos que el narcisista se comprometa a mejorar sus métodos, es muy poco probable que haga cambios duraderos para mejor. Los facilitadores a menudo se quedan con sus compañeros narcisistas porque están convencidos de que el narcisista cambiará si se quedan un poco más. Desafortunadamente, esto resulta en mucha pérdida de tiempo y aún más sentimientos heridos. Los habilitadores siempre dirán tener un profundo amor por el narcisista - y en algunos casos, esto puede ser cierto - pero la mayoría de las veces, el narcisista solo los tiene enganchados. El refuerzo intermitente (el ciclo de mostrar el amor, tirar de él, y luego devolverlo) está científicamente probado para crear sentimientos que imitan la adicción. A menudo los facilitadores están tan enganchados al ciclo de la montaña rusa del narcisista que confunden este apego con amor. Es extremadamente importante que hagas la distinción entre estos dos sentimientos diferentes.

Codependencia

Los 10 hábitos terribles que usted necesita dejar

1.

reguntar dónde está su pareja en todo momento

Es normal tener registros con su pareja, pero muchas personas codependientes llevan esto a un nuevo nivel. Cada hora, cada dos horas, la pareja codependiente sentirá la necesidad de preguntarle a la otra pareja dónde están. Lo que distingue este comportamiento de los check-in de las parejas no dependientes es la frecuencia con la que se producen y la actitud que hay detrás de ellos. Cuando las parejas codependientes se registran entre sí, tiende a haber ansiedad detrás de su interrogatorio. No solo son curiosos, sino que *necesitan* saber. La próxima vez que se separe de su pareja, vea si puede mantener los controles limitados a una vez cada cuatro o cinco horas por lo menos.

2.

uscar en el teléfono de su pareja

Un número sorprendente de personas son culpables de husmear en el teléfono de su pareja. Haberlo hecho una o dos veces no es gran cosa, pero *nunca* debe convertirse en un hábito. Si usted necesita mirar a través de los dispositivos de su pareja para estar tranquilo, su relación necesita mucho trabajo. Si cualquiera de las dos partes está preocupada o ansiosa, la solución debería ser siempre hablar de ello con su pareja para que usted pueda cooperar sobre la base de la confianza. Si no puedes hacer esto, deberías aprender a dejarlo pasar

Codependencia

desarrollando las herramientas de separación apropiadas. Husmear en el teléfono de alguien es una violación de la privacidad, no importa cuán discreto sea. Un paso importante para romper la codependencia es aprender a respetar el espacio personal del otro. ¡Deja de fisgonear!

3.

nvitar a su pareja a cada reunión con amigos

No hay absolutamente nada malo en traer a tu pareja a tu círculo de amigos. De hecho, es probable que algunos de los mejores momentos se produzcan cuando esto ocurra. No importa lo divertido que sea, siempre debes asegurarte de pasar tiempo a solas con tus amigos. Para continuar teniendo amistades felices y satisfactorias, el vínculo inicial debe ser nutrido - y esto no involucra a su pareja. Puede que tus amigos no te lo digan, pero ellos también desean tenerte a solas a veces. La dinámica cambia una vez que la pareja de alguien está en la habitación, y aunque esta dinámica puede seguir siendo divertida, no hay nada como conseguir que el tiempo de calidad sea como solía ser. Una buena manera de mantener un nivel saludable de independencia es nutriendo sus relaciones y amistades lejos de su pareja, así como con ellos.

4.

ejar todo por su pareja de inmediato

Hay momentos en que es perfectamente aceptable dejar todo para su pareja. Si tienen una emergencia, entonces ve y ayúdalos, pero no abandones tu vida por nada menos que esto, excepto en raras ocasiones. Si está a punto de tener un día de reuniones importantes y su pareja se siente triste, espere hasta que haya terminado con sus obligaciones. Estar triste no es una emergencia. Su pareja debe ser capaz de manejar sus emociones durante unas horas. Si estás planeando ir a la fiesta de cumpleaños de un amigo, pero tu pareja está resfriada, ¡no cancele sus planes originales! Cuando nos acostumbramos a abandonar nuestras obligaciones por nuestra pareja, enviamos el mensaje de que nada ni nadie más importa. Esta es una actitud altamente destructiva que te llevará a arrepentirte en otras áreas de tu vida. Permita que el desarrollo profesional y personal sea tan importante como su pareja.

5.

spere que su pareja siempre lo anime

No podemos evitar sentimientos de tristeza, frustración o incluso depresión. Durante estos puntos bajos, nuestra relación puede ser una gran fuente de alivio y felicidad. Si su pareja hace algo especial para usted en su momento de tristeza, esto debe ser considerado un bono, no una necesidad. A menos que su pareja haya cometido un error por el cual se esté disculpando, nunca debe ser la responsabilidad de su ser querido hacer que usted se sienta mejor. Es razonable esperar que lo traten con consideración, pero nuestra confusión interior es nuestra y la responsabilidad de nadie más. Una señal importante de codependencia es la expectativa de que nuestras parejas arreglarán todo por nosotros. Es esencial que usted aprenda las herramientas necesarias para tratar sus problemas en privado. Su pareja tiene sus propios problemas con los que lidiar.

6.

ecir que está "bien" cuando no lo está en absoluto

Si está tratando de salir de la codependencia, debe aprender a hablar con su pareja honestamente. Deja de barrer todo bajo la alfombra. Esto no significa que tenga que haber un gran reventón o que haya que hacer un gran escándalo por todo; solo significa que tienes que ser honesto si algo te molesta. Cuando descartamos nuestros sentimientos, nos arriesgamos a permitir que el comportamiento problemático continúe. Además, planteamos la posibilidad de construir resentimiento o insatisfacción a largo plazo. Ambos resultados afectan su relación negativamente. Para una relación sana y feliz, aprende a hablar de tus sentimientos de una manera constructiva y abierta. Una buena regla empírica es comunicar en declaraciones de "siento" en lugar de acusaciones, es decir, dirías "me siento molesto por lo que dijiste" en lugar de "lo que dijiste fue molesto".

7.

nterrogaciones frecuentes

Cada vez que interrogamos a nuestras parejas, demostramos que no confiamos totalmente en ellos. Si usted tiene problemas de confianza debido a traumas pasados, hay una manera de buscar la tranquilidad de su pareja sin tener que recurrir a los interrogatorios. En lugar de disparar cien preguntas cargadas emocionalmente a tu pareja, trata de decir que te sientes insegura y que las necesitas para tranquilizarte. Este es un enfoque más honesto de la situación y es una manera mucho más amable de comportarse. Cuando interrogamos a nuestras parejas, esto crea ansiedad en ellas, ya sea que hayan hecho algo malo o no. No olvidemos que los interrogatorios son para intimidar, para obtener una respuesta forzando a alguien a someterse. Si desea tener una dinámica saludable con su pareja, omita toda táctica de intimidación o de miedo. Esto solo hará que su pareja tenga miedo de usted y podría ser contraproducente para su relación. Aprenda a construir una confianza más fuerte o a encontrar maneras más amables de obtener la respuesta que necesita.

8.

cechar a su pareja en línea

No es ningún secreto que la confianza es esencial para construir una relación fuerte. Por la misma razón por la que no deberías husmear en el teléfono de tu pareja o interrogarla, también deberías resistirte a la tentación de acecharla en línea. Las personas que hacen esto frecuentemente revisan la página de medios sociales de su pareja, manteniéndose al día con sus últimos "gustos", comentarios y acciones. Este hábito moderno de vigilar a nuestra pareja puede fácilmente volverse obsesivo y llevar a sospechas o disgustos por nada. Muchos codependientes se involucrarán en este comportamiento sin siquiera pensar en las implicaciones más profundas. Deje el hábito de monitorear el comportamiento de su pareja. Hable de sus problemas con ellos o aprenda a dejarlos ir.

9.

acer que todos los medios de comunicación social publiquen sobre su pareja

Hay muchos significantes de la codependencia que son únicos en la actualidad y este es uno de ellos. Si casi todos los mensajes en tus medios sociales involucran a tu pareja, entonces esto es una gran señal de que tu identidad depende en gran medida de ellos. Como hemos establecido, una identidad que gira alrededor de otra persona es un síntoma clave de codependencia. En una relación saludable, el sentido de uno mismo debe estar claramente definido fuera de la relación. Los intereses, pasatiempos, opiniones, gustos y disgustos no deben depender de la otra persona en la relación. Si está buscando un hábito codependiente fácil de dejar de fumar, pruebe este. Explore su presencia en los medios sociales sin que esté tan estrechamente vinculada a su relación.

10.

ómo ayudar a su pareja con las tareas cotidianas de los adultos

Esto grita "codependencia" como pocos otros malos hábitos. Es completamente normal ayudar a tu pareja de vez en cuando, especialmente si tienes un poco de tiempo libre, pero no lo conviertas

Codependencia

en un hábito a menos que estén haciendo algo similar por ti a cambio. Si usted tiene tiempo extra para prepararle a su pareja un almuerzo para llevar, ¿por qué no? ¿Ha hecho la rutina de empacar el almuerzo mientras su pareja prepara la cena todas las noches? Eso suena como un gran equilibrio de tareas. Pero si estás haciendo esto todos los días y no obtienes nada a cambio, entonces esto es un comportamiento directamente codependiente. En todo lo que hagas, asegúrate de nunca 'bebé' a tu pareja. No realice tareas que todos los demás adultos están haciendo por sí mismos. Si usted puede hacerlo por sí mismo, su pareja también puede hacerlo por sí misma. Es hora de dejar que tu pareja sea el adulto que es.

Créase o no, el comportamiento destructivo y disfuncional no se trata solo de abuso. También pueden consistir en pequeños hábitos cotidianos que parecen inofensivos a primera vista. Con el tiempo, sin embargo, se desgastan en la confianza y en el vínculo que hay debajo de una relación. Para hacer espacio para el crecimiento, comience a eliminar estas compulsiones dañinas.

Capítulo 6: Estrategias de Destacamento

Debajo de cada codependencia hay un nivel insalubre de apego. Las parejas han fusionado sus identidades en una sola, hasta el punto de que ya no sienten que tienen una identidad separada fuera de su relación. Lo irónico es que el apego suele formarse a través de un intento de crear una identidad única. Sin embargo, solo nos alejamos más de este objetivo, ya que esta nueva identidad está tan entretejida con otra persona.

No todas las asociaciones codependientes tendrán tendencias abiertamente destructivas, pero el fuerte apego no es menos perjudicial para los individuos involucrados. Para romper la codependencia, ambos miembros de la pareja deben aprender a encontrar un sano distanciamiento el uno del otro. El desapego saludable todavía permite expectativas y dependencia, pero elimina la sensación de desesperación e impotencia. Las personas codependientes tienden a encontrar esta idea intimidante porque sienten que la codependencia es sinónimo de amor, pero una vez que rompen esta dinámica, al instante se sienten liberados. El amor que surge del deseo en lugar de la necesidad es mucho más gratificante para todos los involucrados. Para descubrir cómo se siente, utilice estas estrategias de separación para una dinámica más poderosa.

9 grandes hábitos que comienzan a sanar la Codependencia

Usted sabe todo acerca de los malos hábitos que deben ser quebrantados - ahora, es el momento de contarle acerca de los grandes hábitos que deberían reemplazarlos. Ponga en práctica estas nuevas prácticas en su vida diaria para empezar a ver un saludable distanciamiento de su pareja. Al absorber estas nuevas formas en su dinámica de relaciones, inmediatamente comenzará a sentirse menos codependiente.

1.

esponder, no reaccionar

Debido a traumas pasados, algunos de nosotros tenemos ciertas reacciones conectadas a nuestro cerebro. Sin siquiera pensar en ello, podemos encontrarnos cediendo a estos impulsos por puro hábito. Por ejemplo, si usted fue engañado en el pasado, puede ser que se desencadene si su pareja actual tiene un amigo cercano del sexo opuesto. Siempre que su pareja mencione que los ha visto, usted puede sentirse inmediatamente traicionado y enojado, incluso cuando no tiene razón para estarlo. Una buena regla empírica para evitar molestias innecesarias es cortar el impulso antes de que tome el control. En lugar de simplemente reaccionar por hábito, tómese el tiempo para escuchar realmente lo que su pareja está diciendo. Considere si lo que están diciendo es realmente irrazonable o si simplemente está abrumado por malos recuerdos. Responda a lo que su pareja le está diciendo en el aquí y ahora, en lugar de algo que sucedió en el pasado.

2.

uide sus deseos y necesidades

No te pierdas en tu relación. Si hay algún interés o pasatiempo que le llame la atención, ¿por qué no despertar su curiosidad? Sumérjase en nuevas curiosidades y continúe explorando sus intereses establecidos. Deje de suprimir sus deseos, necesidades, curiosidades, gustos y disgustos. Cultiva y anima todo lo que te hace ser *tú*. Esto fortalecerá su sentido de sí mismo, asegurando que su identidad sigue siendo totalmente suya, incluso cuando se encuentra en una relación íntima. Tener necesidades y deseos diferentes no solo es bueno por el bien de la vida, sino que permite que ambos miembros de la pareja escapen a mundos separados para que siempre puedan recordar qué es lo que los hace únicos. De esta manera, nunca pierden el propósito de su vida y permanecen firmemente conectados a su esencia.

3.

acer que el espacio personal no sea negociable

No *trate de* obtener espacio personal algunas veces; necesita hacer que el espacio personal sea algo no negociable. Reserve un día o una

Codependencia

hora en la que pueda tener espacio para hacer lo que quiera - y por supuesto, sin su pareja. Deja de ver el espacio personal como una idea desalentadora y comienza a reconocerlo como absolutamente esencial para mantener tu felicidad a largo plazo. Véalo como algo imprescindible. Incluso si usted piensa que va a extrañar a su pareja, esa no es razón para aferrarse y nunca dejarla ir. ¿Por qué esperar a estar harto de ellos antes de tener espacio personal? Extrañar a alguien con quien podamos estar más tarde es una alegría increíble. Significa que el amor y la emoción siguen vivos. Al hacer del espacio personal una parte esencial de su estilo de vida, se asegurará de que este amor y esta emoción permanezcan vivos y no se desvanezcan. Hagan lo que disfruten y dense espacio para respirar. Esto hace maravillas en cada relación.

4.

ea responsable de sus acciones

Tan pronto como haces esto, creas una atmósfera de honestidad, humildad y coraje dentro de la relación. Ser responsables de nuestras acciones y admitir cuando hemos cometido un error puede ser difícil, pero no debería serlo. Cuando evitamos la rendición de cuentas, esencialmente estamos tratando de decir que somos impotentes y que todo nos sucede - que no es culpa nuestra porque no tenemos influencia sobre la situación. ¿Por qué es algo bueno? Cuando no tenemos poder, no podemos tomar medidas para mejorar las cosas. Nos convertimos en esclavos de las circunstancias y de los caprichos de los demás. Es por eso por lo que la rendición de cuentas es tan transformadora. Están reconociendo su influencia y control, y al hacerlo, también están reconociendo sus capacidades para mejorar las cosas. Cuando un compañero adquiere el hábito de asumir la responsabilidad y reconocer sus fallas, el otro compañero (siempre que no sea un narcisista) comienza a sentirse cómodo haciendo lo mismo. Una pareja que se hace responsable de sus acciones separadas es una pareja fuerte. Hay significativamente menos malestar y frustración en la relación. En lugar de culpas innecesarias y emociones agrias, finalmente puede haber un enfoque en las soluciones. La próxima vez que cometa un error, dígale a su compañero que se dio cuenta de lo que hizo, que lo siente y que quiere mejorar las cosas la próxima vez. No juegues al juego de la culpa.

5.

lame a su pareja por su comportamiento poco saludable

Así como usted debe ser responsable de sus acciones, también debe serlo su pareja. A veces no es fácil reconocer cuando hemos cometido un error, especialmente cuando ciertos comportamientos son rutinarios. En este caso, es muy importante que el otro miembro de la pareja lo señale suavemente a su atención. Si no lo saben, ¿cómo pueden mejorar para el futuro? Si nota que su pareja muestra un comportamiento poco saludable o incluso autodestructivo, acostúmbrese a hacérselo saber inmediatamente. También es esencial que lo hagas de manera constructiva y con amabilidad. Si usted está enojado y abusivo, es probable que ellos respondan negativamente, agregando más obstáculos a la evolución de la relación. Si su pareja comienza a hacer un viaje de culpabilidad por querer pasar tiempo con sus amigos, trate este comportamiento codependiente. Diga, "Cariño, sentí como si estuvieras tratando de culparme por ver a mis amigos y me preocupa que estemos recurriendo de nuevo a nuestros modos codependientes. ¿Cómo podemos arreglar esto para la próxima vez? Me encantaría que pudiéramos encontrar una solución para poder pasar un buen rato con mis amigos. Es importante para mí que los vea a veces". Ves, eso no es tan difícil, ¿verdad?

6.

etermine sus metas personales y profesionales

Mantenga un fuerte sentido de sí mismo al continuar creciendo y evolucionando. Si te encuentras sintiéndote estancado o como si tu relación te hubiera consumido, tómate tu tiempo para sentarte y reflexionar. A menudo podemos perder la dirección porque no hemos identificado nuestros deseos y nuestras metas. Piense en lo que le gustaría lograr en un futuro cercano y distante, y luego divida estas metas en pasos alcanzables. Estas pueden ser metas profesionales, metas personales o ambas. ¿Hay alguna habilidad que te gustaría llevar más lejos? ¿Un nuevo hito que le gustaría alcanzar? ¿Le gustaría perder o aumentar de peso? ¿Hay alguna obra maestra artística que te gustaría completar o por lo menos empezar? Hay muchas metas que puedes fijarte para tu vida. Escoja algo que encienda la emoción y la alegría en usted. Cuando nos fijamos metas, es mucho más fácil evitar la codependencia, ya que estamos tratando instintivamente de alcanzar nuestras propias metas. Nos da algo por lo que debemos esforzarnos y que tiene que ver enteramente con nuestra propia vida y no está directamente relacionado con nuestra pareja. Asegúrese de que siempre tenga metas que está tratando de alcanzar, aunque sean pequeñas.

7.

btenga una opinión externa

En las codependencias más extremas, ambos miembros de la pareja se resisten a hablar con otras personas sobre sus problemas, especialmente los relacionados con su relación. Han desarrollado una cercanía tan intensa con su pareja que sienten que no necesitan a nadie más. Desafortunadamente, esto también significa que cuando surgen asuntos o problemas legítimos en la relación, no tienen a nadie a quien contar. La perspectiva de una persona ajena puede ser enormemente beneficiosa, especialmente cuando proviene de un amigo cercano o de un miembro de la familia. Asegúrese de que ni usted ni su pareja excluyan sus respectivas redes de apoyo. Serán capaces de decir cuándo tu codependencia se está volviendo demasiado dañina. Aprenda a ver esto como una retroalimentación útil y no solo como algo inconveniente que preferiría no escuchar. Cuando estamos demasiado cerca de una situación, puede ser difícil ver todo como está. Confíe en sus amigos y familiares para que le digan lo que necesita oír. Acostúmbrese a alcanzar y mantener sus conexiones externas.

8.

iga "No" con más frecuencia

Hay una gran idea errónea de que, si amamos a alguien, debemos dejar que haga lo que quiera. Con suerte, ya te habrás dado cuenta de que esto no puede estar más mal. Nunca decir "no" a tu pareja es una de las cosas clave que puede llevar a la codependencia. Esencialmente significa que usted no tiene límites para su pareja. Cuando usted se acostumbra a decir "no" a su pareja, está defendiendo sus necesidades y deseos, transmitiendo que son tan importantes como los de su pareja. No es cruel decir "no", ya que a menudo las tendencias de "felpudos" pueden llevar a un resentimiento silencioso en las parejas codependientes. Al establecer límites, te aseguras de que nunca te agotarás dando más de lo que tienes. En el futuro, esto significa que usted estará más feliz, más satisfecho y mucho más listo para ser una buena pareja. La bondad que usted muestra a su ser querido nacerá del amor genuino en lugar de la necesidad y la obligación.

9.

esolver problemas juntos

Cuando alguien en una relación comete un error, la gente tiende a simplificar demasiado el proceso de búsqueda de soluciones. Ellos tienden a pensar: "Tú cometiste el error, así que deberías arreglarlo. Averígualo y llámame cuando las cosas mejoren". Dejamos que la persona que cometió el error busque una solución por su cuenta. Muchas parejas creen que esto es lo justo, pero está lejos de serlo. Las parejas saludables resuelven los problemas juntos. Esto no significa que ambos miembros de la pareja tengan la culpa. Demuestra que reconocen que dos cabezas son mejores que una. Si realmente quieres arreglar la situación y no solo "vengarte", deberías trabajar junto a tu pareja para encontrar una solución. Examine el problema en cuestión, lo que salió mal y lo que podría ser mejor la próxima vez. Acostúmbrese a cooperar en lugar de responsabilizar a su pareja por el cambio.

4 desafíos únicos para acostumbrarse al desprendimiento saludable

Si usted es extremadamente codependiente, la idea del desapego le puede parecer aterradora. Para simplificar sus próximos pasos, considere experimentar con los siguientes desafíos. Esto le ayudará a entrar en la mentalidad adecuada para encontrar su propia independencia. Al final de cada desafío, reúnase con su pareja y comparta sus diferentes experiencias. ¡Vea si puede divertirse con estos desafíos!

1.
   ibuja tu día

Codependencia

No necesitas tener una racha artística para este desafío - de hecho, ¡podría ser más divertido si no lo haces! Para este desafío, ambos miembros de la pareja deben separarse durante varias horas y dibujar lo que ven, dondequiera que decidan ir. Pueden escoger cualquier cosa que vean ese día - puede ser divertido, serio, o incluso surrealista, ¡si así lo desean! Lo ideal es que ambas parejas no se envíen mensajes de texto, excepto para discutir la logística sobre dónde y a qué hora se reunirán más tarde. Al final del día, ambos compañeros pueden reunirse y mostrarse lo que han dibujado. Si eres un artista terrible, reírte de tus malos dibujos puede ser una noche divertidísima. Este reto es uno de los mejores, ya que permite a las personas entrar en contacto con su lado creativo y, al mismo tiempo, obtener un espacio personal. ¡Y los beneficios no terminan ahí! Las parejas siempre disfrutan mirando los dibujos de los demás y compartiendo las historias relacionadas con lo que vieron.

2.

eunirse en el centro

Si tienes un lado aventurero, prueba el desafío 'Reunirse en el Medio' con tu pareja. En pocas palabras: requiere que ambas partes exploren dos lugares opuestos o lejanos y luego se encuentren de nuevo a mitad de camino. Este desafío puede ser escalado para que se adapte a su tiempo y presupuesto. Si no puede viajar internacionalmente, ¡no hay necesidad de preocuparse! Cada pareja puede elegir una ciudad o pueblo en el país que siempre ha querido explorar. Esto funciona especialmente bien si la otra pareja ya ha estado allí o no quiere ir. Una vez que ambas personas han elegido su ciudad o pueblo, pueden identificar una ubicación que se encuentra aproximadamente a mitad de camino. Después de viajar y explorar lugares separados, pueden llegar el uno al otro y encontrarse en ese punto intermedio. Si tiene un presupuesto mayor, considere hacer esto con los países. Los viajes en solitario son una experiencia de empoderamiento y las parejas, inevitablemente, encuentran que el "encuentro a medio camino" es increíblemente romántico.

3.

ntercambio de regalos

Al igual que "Dibuja tu día", este desafío implica que una pareja se separe durante unas pocas o varias horas. No debería haber comunicación alguna hasta que sea el momento de la reunión, más tarde en el día. El objetivo de su tiempo aparte debe ser comprar, crear o simplemente conseguir un regalo para su pareja. El objetivo puede ser un regalo o más, dependiendo de sus respectivos presupuestos. También sería prudente que ambos miembros de la pareja decidieran un límite de gastos, para que una persona no gaste más que la otra. Este es un gran desafío para empezar, ya que ambos miembros de la pareja todavía pueden sentirse cerca el uno del otro en la búsqueda de un regalo para su ser querido.

4.

fuera - Adentro

Codependencia

¡No se permiten excusas para este! Una persona está a cargo de "afuera" y la otra está a cargo de "adentro". Durante todo el tiempo que sea necesario para terminar, ambos miembros de la pareja deben concentrarse en sus tareas por separado sin ayuda del otro. Las parejas solo pueden comunicarse a través de la logística o si están pidiendo aclaraciones. Todas las demás comunicaciones deben guardarse para después de la prueba, cuando todo esté completo. He aquí un resumen de lo que cada persona está a cargo:

Afuera - Todas las diligencias que involucran salir de casa, como ir de compras al supermercado, enviar correo, recoger herramientas o materiales para reparaciones, llenar el auto con gasolina, depositar un cheque o retirar dinero para el alquiler, y muchas otras. También puede incluir las tareas domésticas si se realizan al aire libre, por ejemplo, jardinería, jardinería, reparación de cobertizos, etc.

Adentro - Todos los deberes relacionados con el interior de la casa y el mantenimiento general de la misma. Esto incluye lavar la ropa, hacer las camas, limpiar y desempolvar la casa, ordenar y reorganizar el desorden, lavar los platos y todas las demás tareas relacionadas con el hogar.

¡Quien termina primero tiene tiempo libre para hacer lo que quiera! ¿La única condición? Deben mantenerse alejados de su pareja hasta que se completen todas las tareas.

Codependencia

¿Por qué no crear su propio desafío? Para obtener el mejor resultado, ambos miembros de la pareja deben estar separados el mayor tiempo posible mientras se concentran en una meta claramente definida o disfrutan de una distracción.

Capítulo 7: El espacio personal y el autocuidado

Hemos hablado mucho sobre el espacio personal y el autocuidado, pero algunos de ustedes se preguntarán: "¿Qué es exactamente lo que esto implica? Si usted está en el extremo de ser codependiente, es posible que necesite algunas ideas para su próxima sesión de autocuidado. Como hemos establecido, esto es crucial para mantener un nivel saludable de independencia en su relación. Cuando las parejas continúan practicando esto en una relación, se vuelven más fuertes, individuos más valientes que ven más realización en la vida a largo plazo. Si está intimidado por la idea de tener una separación temporal, comprenda que solo es difícil por una razón: ¡está rompiendo una rutina fija! De ninguna manera es indicativo de los efectos que finalmente tendrá. Destructivos o no, los patrones son difíciles de romper, pero una vez que tienes éxito, tu vida florece de una manera que nunca hubieras imaginado.

6 razones por las que el espacio personal sana a las parejas

Antes de que se le ocurran excusas para saltarse el resto de este capítulo, examinemos los beneficios del espacio personal. En los días en que la ansiedad te abruma, cuando solo quieres aferrarte y no soltarte nunca, vuelve a esta sección. Esta es la razón por la que el espacio personal es vital para sanar la codependencia:

1.

e hace una persona más fuerte

Cuando se nos da espacio para hacer lo nuestro, utilizamos herramientas de afrontamiento y autogestión que dejamos de utilizar en presencia de nuestros seres queridos más cercanos. Si tenemos una necesidad, aprendemos a cuidarla por nuestra cuenta. Aprendemos a proporcionar nuestro propio entretenimiento. Y finalmente podemos escuchar y evaluar nuestros propios pensamientos, sin la influencia de un partido externo. Esa punzada que sientes cuando estás solo y realmente deseas que alguien te acompañe, es que tu mente se niegue a usar tus propias herramientas de autogestión. Cuando tenemos a alguien a nuestro alrededor, no tenemos que utilizarlo tanto. Pueden ayudarnos a realizar tareas, entretenernos, y nos proporcionan tantas distracciones como deseemos. Esto se siente bien de la misma manera que sentarse en el sofá, en lugar de ir a trabajar, se siente bien. Nos permite no hacer ningún trabajo, pero daña nuestra capacidad de valernos por nosotros mismos y ser autosuficientes. Si no aprendes a ser fuerte ahora, será cien veces más difícil en el futuro. El espacio personal nos da la oportunidad de autogestionarnos de nuevo y esto trae muchos beneficios.

2.

olver a conectar con nuestra individualidad nos hace más felices

Cuando tenemos espacio personal, nos acordamos de lo que nos hace diferentes. En lugar de fusionarnos con la identidad de nuestra pareja, recordamos la nuestra y lo que nos hace únicos. Cuando nos reconectamos con esta parte de nosotros mismos, instantáneamente nos sentimos más felices. ¿Por qué? Es muy sencillo. Todos queremos sentirnos especiales. Nadie quiere sentir que se ha convertido exactamente en otra cosa. Los que lo hacen tienen la impresión equivocada de que la fusión de identidades es la cura para no sentirse especial. Esto, por supuesto, no podría estar más lejos de la verdad. Para sentirnos verdaderamente únicos y únicos, necesitamos conectarnos con algo profundo en nosotros mismos. A esta parte de nosotros solo se puede acceder a través de un tiempo suficiente. Por mucho que ame a su pareja, demasiado tiempo juntos puede hacer que olvide lo que lo hace diferente.

3.

ay más de lo que hablar más tarde

Si siempre están juntos, están recibiendo la misma experiencia general al mismo tiempo. Esto también puede ser especial, por supuesto; puedes discutir los eventos a medida que se desarrollan a tu alrededor y disfrutar compartiendo la misma experiencia. Pero no olvide que también se puede disfrutar de experiencias diferentes y contar la historia más tarde. Dos parejas que se reúnen después de un largo día separados pueden transmitirse las historias y los eventos del día entre sí, disfrutando de la narración de historias y del elemento sorpresa que conlleva. Cuando estamos siempre con nuestra pareja, nos perdemos la diversión de ponernos al día.

4.

sted también se puede cansar de las grandes cosas - ¡No deje que esto suceda!

Usted puede amar y apreciar profundamente a su pareja. Incluso pueden pensar que su relación es lo mejor del mundo y que están tan hechos el uno para el otro que nada puede arruinar lo que tienen. Odio tener que decírtelo: demasiado tiempo juntos puede, de hecho, arruinarlo. Digamos que descubriste los mejores panqueques del mundo. Los encontraste tan deliciosos que decidiste tomarlos en cada comida. Al principio, tener su comida favorita tres veces al día parecía el paraíso, pero ¿qué pasa después de unos meses? ¿O unos pocos años? Definitivamente empezarías a cansarte de ello. Eventualmente, empezarías a anhelar literalmente *cualquier* otra cosa. No importa cuán objetivamente buenos sean esos panqueques o cuánto los hayas disfrutado al principio. Si te pasas, no querrás tener nada más que ver con ellos. Lo mismo vale para usted y su pareja. Sin espacio personal, la relación comienza a ser sofocante. Esto conducirá inevitablemente a una asociación más tensa.

5.

e recuerda por qué están juntos

Cuando estamos constantemente con alguien o algo que amamos, empezamos a darlo por sentado. Nos acostumbramos tanto al acceso rápido y fácil que nos olvidamos de lo especial que es tener acceso. Las parejas que hacen del espacio personal parte de su estilo de vida experimentan mucha más gratitud hacia su pareja. Cuando están juntos, se les recuerda la alegría que su pareja trae a su vida. Los períodos de separación crean un contraste con los tiempos en que están juntos. Esto inmediatamente resalta las diferencias positivas que hace su relación. A su vez, esto hace que cada momento juntos parezca más especial. Las parejas se apreciarán mucho más y serán más felices a largo plazo.

6.

ente más feliz crea relaciones más duraderas

La codependencia se forma cuando las parejas están demasiado ansiosas o inseguras para dejarse ir. Irónicamente, aprender a hacerlo puede hacer que las posibilidades de permanecer juntos (felizmente) sean más probables. Considere todo lo que hemos cubierto hasta ahora. Habrá más emoción, no se cansarán el uno del otro, serán más felices y también lo será su pareja. Dos individuos felices y fuertes hacen una pareja feliz y fuerte. Para garantizar una satisfacción duradera, es necesario que haya espacio para crecer. Al darse espacio mutuamente, se permiten espacios entre sí para evolucionar hacia mejores seres. Las parejas que hacen esto prosperan mejor que el resto.

10 maneras de acelerar el crecimiento personal mientras tiene espacio personal

Las personas codependientes luchan por llenar su tiempo cuando finalmente tienen un espacio personal. Muchos comienzan a sentir ansiedad, no están seguros de qué hacer consigo mismos ahora que su pareja no está allí. Es útil notar que esto solo sucede porque es una ruptura con su rutina habitual. Se puede superar con la práctica. El espacio personal es un gran momento para finalmente enfocarse en el autocrecimiento y dar pasos hacia el logro de sus metas personales. Hacer el esfuerzo de mantener siempre sus metas a la vista le ayudará a protegerse de sus inclinaciones codependientes. Considere las muchas maneras en que puede hacer esto:

1.

prenda una nueva habilidad

¿Hay algún talento que secretamente desearías tener? ¿Cuándo fue la última vez que pensaste: 'Ojalá pudiera hacer eso'? Un taller o una clase es algo fantástico para añadir a un horario y es un gran uso del tiempo personal. Puede ser cualquier cosa, desde clases de pintura y fotografía hasta clases de kung fu. El cielo es el límite cuando se trata de aprender. Usted podría incluso elegir mejorar una habilidad que le lleve a un ingreso más alto en el futuro. Perfeccionar una nueva habilidad le recordará su valor y capacidades más allá de su relación. Diviértete con este. ¡El mundo es su ostra!

2.

r al gimnasio

Haga que las sesiones de gimnasia sean parte de su rutina semanal y verá los beneficios más allá de su apariencia. No solo te verás más en forma y más tonificada, sino que lo más importante es que te *sentirás* más fuerte. Y al instante verás un aumento en tu nivel de autoestima y confianza. Hacer ejercicio es una gran manera de demostrarte a ti mismo que puedes superar la adversidad - esta determinación y fuerza se extenderá más allá de tu tiempo en el gimnasio, mejorando tu relación y probablemente incluso tu confianza profesional. Cuida tu cuerpo y toda tu mente reflejará esta transformación positiva.

3.

isite a un terapeuta

¡Es hora de eliminar el estigma de la terapia! Usted no necesita una condición de salud mental para poder ver a un terapeuta. Tener una sesión una vez a la semana o cada dos semanas es una gran manera de desestresar y reclutar la mente. Quitar de en medio las emociones y los pensamientos inquietos le da más tiempo para concentrarse en lo que realmente importa. La terapia puede ser especialmente beneficiosa para las personas en una relación de codependencia. Una figura neutra será capaz de señalar cuando los hábitos codependientes están surgiendo y ayudarle a evolucionar a partir de ellos. Pueden ayudarle a abordar la causa de fondo de sus problemas para que nunca más tenga que llamarse a sí mismo "codependiente".

4.

xperimente con cocinar comidas más saludables

Todos sabemos cómo cocinar *algo* en la cocina, pero ¿cuántas comidas deliciosas y verdaderamente saludables puedes cocinar? En su tiempo libre, ¿por qué no experimentar en la cocina con algunos alimentos nutritivos para el cuerpo? Cuando enfocamos nuestra atención en alimentarnos, nuestras mentes encuentran un centro de calma. ¿Por qué? Porque estamos volviendo a lo básico y haciendo algo que literalmente nos mantiene vivos. Estamos prestando atención a los fundamentos de nuestro ser y esto puede ser meditativo. Pruebe y cocine con nuevos ingredientes, diviértase con nuevos sabores y vea qué deliciosas creaciones se le ocurren.

5.

lanifique su futuro y establezca metas

Ahora que tienes tiempo a solas, ¿por qué no ves si puedes definir tus metas para el futuro cercano y lejano? ¿Qué le gustaría lograr? ¿Adónde te gustaría ir? ¿Cuáles son algunos hábitos que te gustaría romper y otros mejores que te gustaría adquirir? Mientras hace esto, trate de hacer su primer borrador de metas sin considerar lo que su pareja (o cualquier otra persona) diría sobre ellas. Solo concéntrese en sus metas y sueños. Una vez que identifique claramente cuáles son

Codependencia

calcule lo importante que cada uno es para usted. ¿Qué tan feliz serás si logras cada uno? ¿La incapacidad para lograr un determinado objetivo conducirá a la infelicidad? Responda estas preguntas antes de pensar en lo que diría su pareja. Considere hacer los objetivos que lo harían profundamente feliz, no negociable.

6.

ea un buen libro

Dicen que los empresarios más exitosos del mundo leen docenas de libros al año. No es de extrañar por qué. La lectura no solo es entretenida, sino que puede ampliar sus horizontes de manera que cambie su perspectiva y perspectiva para mejor. Ya sea ficción o no ficción, la lectura trae muchos beneficios, incluyendo la mejora de la memoria y la reducción del estrés. Con el tiempo, encontrarás que tu vocabulario se expande e incluso puede mejorar tus habilidades de escritura. Incorpore más tiempo de lectura en su horario (¡ahora que tiene más paz y tranquilidad!) y podrá sobrealimentar su mente en poco tiempo.

7.

omience un proyecto creativo

No hace falta ser un genio artístico para iniciar un proyecto creativo. Es tan simple como elegir un medio que te guste y divertirte con él. Fomentar su propia creatividad le ayuda a desestresar y, a largo plazo, mejora su capacidad para resolver problemas. Los estudios han demostrado incluso que la creatividad aumenta la capacidad de adaptación a los nuevos cambios. La próxima vez que tengas tiempo para ti mismo, ¿por qué no intentas pintar o dibujar? ¿O tomar un instrumento y aprender a cantar?

8.

prenda a desarrollar una mentalidad de crecimiento

A medida que busque nuevos pasatiempos y habilidades en su tiempo libre, trate de desarrollar una mentalidad de crecimiento. Una mentalidad fija está impulsada por la creencia de que todos nacen con ciertos talentos y dones, y todos aquellos que no son "dotados" nunca alcanzarán el mismo nivel de brillantez. La mentalidad de crecimiento se opone firmemente a ello, afirmando que podemos alcanzar el mismo nivel de brillantez si persistimos y seguimos mejorando. Mientras tengas espacio personal, trata de absorber esta mentalidad de crecimiento en tu espacio mental. Esto no solo le ayudará a mejorar ciertas habilidades, sino que también le ayudará a salir de su codependencia. Usted no tiene que ser codependiente para siempre; una mentalidad de crecimiento le asegurará que deje atrás sus viejos hábitos para siempre.

9.

ome descansos de la tecnología

Mientras te tomas un descanso de tu pareja, ¿por qué no te tomas un descanso con una "B" mayúscula de todo el caos del mundo moderno? Usted puede elegir el período de tiempo con el que se sienta más cómodo, ¡pero debería suponer un pequeño reto! Durante al menos un par de horas, apague todos sus dispositivos de comunicación y entretenimiento. Desconéctese completamente de todas las distracciones digitales y no se comunique con su pareja de ninguna manera durante este tiempo. Siéntete libre de hacer lo que quieras durante este tiempo, siempre y cuando estés a cargo de crear tu propio entretenimiento (¡no vayas a un bar y veas su televisión!) y te permitas estar solo con tus pensamientos. Practicar el tiempo sin tecnología puede disminuir la ansiedad con el tiempo a medida que se acostumbra al silencio y a la desconexión temporal.

10.

enga una conversación con un extraño

Esto puede parecer una sugerencia extraña, pero aprender a estar cómodo con extraños tiene una serie de beneficios diferentes. No solo mejoras tus habilidades sociales, sino que aprendes a adaptarte a diferentes situaciones y diferentes personalidades. ¡Tampoco tiene ni idea de a quién puede conocer! Hay conexiones que esperan ser hechas a tu alrededor. Ampliar tu círculo de amigos es una buena manera de asegurarte de que no dependes demasiado de tu pareja.

12 ideas de autocuidado para que se sienta como un millón de dólares

Por supuesto, el espacio personal también debe ser sobre el cuidado personal. Cuando los codependientes están completamente

Codependencia

envueltos el uno en el otro, se olvidan de cuidar de sí mismos. A menudo no nos damos cuenta de cuánto necesitamos el autocuidado hasta que finalmente lo experimentamos. El resultado: estamos tranquilos, centrados y en paz en todos los sentidos. Esto nos pone de mejor humor, haciéndonos individuos más agradables. A su vez, esto nos hace mejores parejas.

No es necesario reservar el autocuidado para cuando estamos completamente solos. El cuidado personal debe ser parte de su rutina y puede hacerlo solo o con su pareja cercana. Eso depende de usted. Independientemente de cómo decida cuidarse, asegúrese de dedicarle tiempo siempre para que pueda ser una parte constante de su vida.

1.

años de burbujas

Probablemente lo hayas visto en las películas. Durante los momentos de relajación, un personaje se sumerge hasta el cuello en un baño de burbujas rodeado de velas. ¿Por qué no probarlo en la vida real? Burbujas o no burbujas, velas o luces de baño, música o silencio: la elección es suya. Descubre qué tipo de ambiente te ayuda a lograr una calma profunda y trata de llegar a ese lugar tranquilo en tu mente. Olvide el mundo por un momento y relájese.

2.

asaje

Obtener un masaje no requiere ningún esfuerzo de su parte. Solo tiene que encontrar un spa o masajista que le guste el sonido, y disfrutar de ser mimado. Una sesión de masaje hace un cuidado personal brillante porque el amasado abre el cuerpo y - por supuesto - *se siente* increíble. La suave presión en todo el cuerpo alivia el estrés liberando dopamina, reduciendo la ansiedad y haciendo que te sientas más calmado instantáneamente, pase lo que pase. No tiene que ser complicado; simplemente acuéstese y permítase sentirse bien.

3.

l café y un buen libro

Desde el amanecer de los cafés hípster, la rutina del café y un libro se ha convertido en una brillante forma moderna de lograr el autocuidado. Salga de su espacio y pase unas horas en una cafetería. Pida una taza de café humeante o un chocolate caliente cremoso, encuentre su lugar y, finalmente, ahóguese en ese gran libro del que tanto ha oído hablar. Lo creas o no, el solo hecho de salir de tu espacio personal puede reducir la ansiedad. La rutina del café y un libro le permite simplificar su vida por un momento. Todo lo que tienes que hacer es disfrutar de su lugar cómodo, centrarse en su libro, mientras que la nutrición de su vientre con la bondad cálida y rica.

4.

r de compras

Codependencia

Vamos a empezar diciendo: ¡no te pases de la raya! Sepa cuál es su presupuesto y cúmplalo. ¿Y aparte de eso? Diviértete y disfruta de todo lo que te hace sentir bien. Hay una razón por la que existe el término "terapia de venta al por menor". Cuando compramos, podemos satisfacer nuestros deseos y necesidades. Esta es una buena práctica para el codependiente que tiende a centrarse en los deseos y necesidades de otras personas. Tómese este momento para cerrar su cerebro codependiente y considere qué compra lo excitaría en el aquí y ahora.

5.

btener un cambio de imagen

A veces no hay mejor manera de sentirse bien que haciéndose *ver* bien. No hay reglas para conseguir un cambio de imagen - solo diviértete experimentando con tu apariencia con el objetivo de hacerte sentir atractivo. Si eres mujer, considera comprar los servicios de un maquillador. Ambos géneros pueden disfrutar de conseguir algunos trajes diferentes para su guardarropa o refrescarse con un nuevo corte de pelo. ¡Las posibilidades son infinitas!

6.

ablar con sus amigos

Hablar y reírse con los amigos es su propia forma de terapia. Mientras te dedicas al autocuidado, ¿por qué no te pones al día con algunos de tus amigos de más confianza? Esto no solo alivia el estrés, sino que se ha comprobado que pasar tiempo con los amigos conduce a una vida más larga y a una mejor salud mental. Ya sea que decidas complacerte en un gran restaurante o pasar una noche divertida viendo Netflix o un juego, asegúrate de que el tiempo con tus amigos sea una sesión regular en tu agenda.

7.

scribir en un diario

El diario es ideal para las parejas codependientes porque le permite ponerse en contacto con sus sentimientos. Para mantener la paz, se sabe que los codependientes cierran sus pensamientos y sentimientos, algo que no augura nada bueno para la salud de la relación. Llevar un diario puede ayudarle a desentrañar su mente y a desestresarse, permitiéndole organizar sus pensamientos y observar su mundo interior. Muchas personas eligen escribir en sus diarios a primera hora de la mañana o justo antes de acostarse, como una forma de calmar la mente durante el día o para dormir tranquilamente.

8.

editar

Cuando se buscan los mejores métodos de autocuidado, la meditación se sugiere tan a menudo que tiende a provocar un giro de ojos. Hay una buena razón por la que la meditación es un delirio; tiene beneficios reales y duraderos que realmente marcan la diferencia en tu bienestar mental y en tu vida. Para meditar con éxito, uno debe tratar de limpiar su mente de todos los pensamientos y simplemente estar en el momento. Para empezar, trate de enfocar su respiración, y nada más. Lo ideal es que esto se haga en un lugar tranquilo donde uno pueda sentarse sin ser molestado. Haga de la meditación parte de su rutina de autocuidado y pronto verá una reducción del estrés y la ansiedad, y una mayor conciencia de sí mismo y capacidad de atención.

9.

aya a dar un paseo en auto o a pie

Este método de autocuidado no requiere más que energía y tiempo. Elija cualquier punto de partida y simplemente camine o conduzca a partir de ahí sin ningún destino a la vista. Solo hay que explorar y seguir adelante. El propósito de este impulso es despejar tu mente y tener tiempo a solas contigo mismo, mientras experimentas el movimiento de moverte hacia adelante. Salir a caminar o manejar es conocido por ser emocionalmente sanador; te permite tener el control total de tu camino y destino, simplemente ir a donde quieras y dejar que tus pensamientos encuentren paz.

10.

edecorar

Una manera divertida de lograr el autocuidado es redecorando tu espacio. Esto podría estar en cualquier lugar que quieras. Podría ser su escritorio en el trabajo, su dormitorio, o incluso toda su casa. Redecorar puede ser increíblemente divertido ya que nos permite usar el lado creativo de nuestro cerebro - pero más que eso, también es un acto de recuperar nuestro espacio y practicar nuestro control sobre nuestro entorno. Haga elecciones estéticamente agradables y vea si puede reordenar sus pertenencias para la mayor comodidad posible. Organiza y decora tu espacio para que se convierta en tu santuario personal. Al final, usted debe sentirse cómodo, relajado e inspirado en su espacio recién decorado.

11.

jercicio

El ejercicio no es solo una manera de ver más crecimiento personal, sino también una excelente manera de cuidarse a sí mismo. Es importante que no te excedas y que no te agotes. Ya sea una caminata tranquila por el parque o una sesión intensa de pilates, el ejercicio asegura que su cuerpo permanezca fuerte y capaz. Muchas personas piensan que el ejercicio es tan difícil que posiblemente no sea autocuidado, pero esto es solo una señal de que lo necesitas más que nunca. El ejercicio nos permite reconectarnos con nuestra embarcación y estar más en sintonía con sus necesidades y habilidades. La fiebre de las endorfinas también significa que al instante te sentirás más positivo contigo mismo y con la vida en general.

12.

ractique la gratitud

Lo creas o no, se ha comprobado que practicar la gratitud hace a una persona más feliz. Al entrenar al cerebro para que note y esté agradecido por las cosas positivas de la vida, instantáneamente comenzamos a operar desde una mentalidad de abundancia. Esto mejora nuestro sentido de autoestima, nuestra capacidad de empatizar, e incluso mejora nuestra calidad de sueño. Para empezar a practicar la gratitud, busque un lugar donde pueda empezar a tomar notas sobre lo que está agradecido. Puede ser un diario de agradecimiento especial o puede estar en la aplicación Notas de su teléfono. Cada día haga una lista de tres cosas por las que está agradecido en su vida. Trate de ser lo más específico posible. Recuerde que estas no tienen que ser grandes partes de su vida, puede ser tan simple como el fantástico almuerzo que tuvo o una gran sesión de ejercicios. Solo asegúrese de que sea lo que sea, se sienta genuinamente agradecido por ello.

No se sienta intimidado por la idea del espacio personal. Es una oportunidad para que usted recalibre, recargar energía y haga lo necesario para mantener su propia fuerza interior. Es un tiempo para reconectarse con las actividades que disfruta y el propósito de su vida. Aprenda a no verlo como una separación de su pareja, sino como un poderoso combustible para una relación saludable.

Capítulo 8: Sanando la codependencia para bien

Un breve mensaje del Autor:

¡Hey! Hemos llegado al capítulo final del audiolibro y espero que lo hayan disfrutado hasta ahora.

Si aún no lo has hecho, estaría muy agradecido si pudieras tomarte un minuto para dejar una revisión rápida de Audible, ¡incluso si se trata de una o dos frases!

Muchos lectores y oyentes no saben lo difíciles que son las críticas y lo mucho que ayudan a un autor.

Para ello, solo tienes que hacer clic en los 3 puntos de la esquina superior derecha de la pantalla dentro de la aplicación Audible y pulsar el botón "Evaluar y Revisar".

A continuación, se le llevará a la página de "Evaluar y Revisar", donde podrá introducir su clasificación por estrellas y luego escribir una o dos frases.

¡Es así de simple!

Espero con interés leer su reseña, ya que yo personalmente leo cada una de ellas.

Estoy muy agradecido ya que su revisión realmente marca una diferencia para mí.

Ahora volvamos a la programación estipulada.

Hemos desglosado las personalidades de las parejas codependientes, resaltado los hábitos que hay que erradicar, así como los hábitos que hay que empezar a introducir en la vida, pero eso no es todo lo que se necesita para seguir adelante. Los impulsos que conducen a la codependencia son profundos. Debajo de los pequeños hábitos y prácticas hay algunas lecciones clave y muy esenciales. Las prácticas más pequeñas sin duda ayudarán a construir una dinámica diaria más saludable, pero sin absorber estas lecciones básicas, es posible que se encuentre con una recaída en el punto de partida. Durante períodos particularmente difíciles, siéntase libre de volver a este capítulo para recordar lo que es importante.

Codepedencia

Las lecciones que rompen la codependencia

-
  ### l "Amor Duro" es Necesario - Abrazarlo

No rehúyas la noción de amor duro. En pocas palabras, el amor duro es cuando le damos a nuestros seres queridos ciertos límites o restricciones con la intención de ayudarlos a crecer a largo plazo. Aunque no se den cuenta, el amor duro es para *su* beneficio. Para sanar la codependencia para bien, necesitas empezar a abrazar prácticas de amor duro. Esto significa decir que no y poner límites incluso cuando sientes lástima por ellos y quieres decir que sí. Los codependientes pueden tener problemas con la culpa al principio, por lo que es importante que cambie de mentalidad durante estos momentos. En lugar de centrarse en su reacción en el momento actual, piense en los beneficios que verán en el futuro. Piensa en las lecciones que esto les enseñará y cómo la vida les recompensará por ello si persisten. No se deje llevar por la incomodidad temporal y centre toda su atención en el crecimiento potencial de la situación. El amor duro es un tipo diferente de comportamiento amoroso, pero no es amar menos.

-
  ### as necesidades son herramientas, no enemigos

En las relaciones de codependencia, el facilitador tiende a ver sus necesidades como obstáculos. Después de todo, ¿cómo pueden atender las necesidades de sus parejas cuando las suyas se interponen en el camino? Para que los facilitadores continúen rompiendo sus patrones codependientes, necesitan dejar de ver sus necesidades como inconvenientes. Nuestros deseos y necesidades son herramientas. Nos hablan de nuestro estado de ánimo y de lo que necesitamos en nuestra vida para encontrar satisfacción. Nuestras necesidades nos dan la dirección que deseamos. Nos dice lo que necesitamos para crecer y lo que usted necesita para sostenerse emocional y psicológicamente. Las necesidades son, de hecho, herramientas e indicadores de crecimiento. No los rechaces o los impulsos se harán más fuertes. Nos volvemos infelices cuando ignoramos estos impulsos y tratamos de suprimirlos. Una necesidad significa una carencia y si no se controla, puede llevar a una especie de agotamiento emocional o mental. Sus necesidades son similares a la luz roja que se enciende cuando su auto comienza a necesitar más gasolina. Estas luces le hacen un favor al hacerle saber cuándo necesitan algo para seguir funcionando normalmente. Trate sus necesidades de la misma manera. ¡No deje que las luces rojas empiecen a parpadear!

ada cambia si usted no cambia

A estas alturas, es probable que ya se haya enfrentado a algunas verdades duras sobre su comportamiento y su relación. Es profundamente importante que no te detengas aquí. El conocimiento que usted necesita para cambiar no es suficiente por sí mismo para crear el cambio. Te sientes insatisfecho, insatisfecho, como si tu relación pudiera ser mucho mejor, y tienes razón - ahora haz algo al respecto. Use los sentimientos de insatisfacción como combustible para empezar a actuar. Su codependencia no sanará si no comienza a trabajar con su pareja para encontrar una dinámica más saludable. Si te encuentras volviendo a tus viejas costumbres, espera volver a tus viejos sentimientos de frustración. Si quieres algo mejor para tu relación, *sé* mejor.

●

l aferramiento y la obsesión no son lo mismo que el amor
Cuando usted está completamente envuelto en su pareja, puede ser fácil pensar que esta obsesión es equivalente al amor. Existe la idea errónea de que dar hasta que no te quede nada y fusionar tu identidad con la de tu pareja es lo que significa el verdadero amor, pero esto solo da como resultado la codependencia. Avanzando, trata de cambiar tu perspectiva de lo que significa el amor. Recuerda que el amor no se trata solo de cómo eres como una sola unidad, sino también de cómo la relación te afecta como individuo. ¿La relación le da poder para alcanzar sus propios sueños y metas? ¿O te hace sentir como si estuvieras renunciando al resto de tu vida? ¿La relación te recuerda quién eres realmente? ¿O erradica completamente tu identidad única? Piense en el amor en términos del futuro a largo plazo que estás construyendo con su pareja, no solo en

Codependencia

lo gratificante que es instantáneamente. Trate de entender que el amor no se apodera de nuestra vida; ayuda a que el resto de nuestra vida florezca. Cuanto más se aferra a su pareja, menos tiempo y espacio hay para el resto de su vida. El amor verdadero se trata de dos personas enteras que se unen en todo su poder, no de dos mitades tratando desesperadamente de hacer un todo.

- **eje de sentirse derrotado por el rechazo**

Hay una razón por la que ambas parejas alimentan este ciclo de codependencia; tienen miedo de lo que pasaría si dejaran de hacerlo. El facilitador está preocupado, en cierto modo, por no ser útil y la pareja habilitado está preocupado por ser olvidado. Aunque ambos miembros de la pareja tienen diferentes maneras de sobrellevar la situación, ambos están tratando de asegurarse de que el otro miembro de la pareja los siga amando. ¿Por qué? Porque la idea de perder a su pareja codependiente es demasiado dolorosa. Desafortunadamente, este tipo de mentalidad puede ser contraproducente. Cuando se nos impulsa a actuar de cierta manera para salir de la profunda inseguridad que rodea a la pérdida y el rechazo, puede convertirse en una profecía que se cumple a sí misma. Por difícil que parezca, ambos miembros de la pareja necesitan aprender a estar de acuerdo con la posibilidad de no estar en su relación de codependencia. En otras palabras, necesitan sentirse cómodos con la idea de ser solteros. Cuando piensan en perder a su pareja, es normal que sientan una profunda tristeza, pero no deben sentir que su mundo se va a acabar. El sentirse cómodo con la idea no significa que usted quiera que suceda - simplemente significa que, si es correcta, usted la aceptará. Al final del día, el rechazo nos permite saber lo que es correcto para nosotros y lo que no lo es. En lugar de tratar de evitar el rechazo de su pareja a toda costa, aprenda a verlo como una forma de medir su compatibilidad. Si es rechazado después de hacer tu mejor esfuerzo, entonces no era para ti. Un día descubrirá lo que significa para usted y estará bien.

¿Qué hacer si...?

Estás tratando de romper una codependencia y eso es un gran problema. Surgirán muchos escenarios que los dejarán sintiéndose confundidos e inseguros de qué es lo correcto para la salud de su relación. La próxima vez que se encuentre "atascado", vuelva a esta página. Cuando se enfrenta a alguno de estos escenarios, esto es lo que debe hacer:

-

u pareja no está escuchando sus límites

Para cuando termine este libro, probablemente se sentirá motivado para esforzarse por lograr una relación más saludable. Desafortunadamente, usted no puede controlar cómo se siente su pareja. Es posible que él o ella no esté listo para hacer nuevos cambios. Una de las formas en que lo harán saber es negándose a acatar los límites que acabas de establecer. Si llega a un acuerdo para dividir las tareas, es posible que su pareja aún no haga su parte justa, dejándolo con la mayor parte del trabajo.

Antes de determinar la mejor manera de responder, responda a estas preguntas: ¿cuántas veces ha tenido que recordarle a su pareja los límites? ¿Cuántas huelgas ha habido? ¿Qué tan irrespetuoso te sientes? Su intuición es una manera fuerte de medir esta situación. Si usted siente que su pareja está haciendo lo mejor que puede, pero solo está luchando por dejar atrás los viejos hábitos, entonces sea firme con ellos. No te avergüences de mostrarles que estás enfadado o molesto. Deje claro que esto significa mucho para usted. Si usted se siente irrespetado y como su pareja realmente no está tratando, entonces reconsidere su participación en esta relación. Usted está haciendo todo lo posible y es justo que su pareja también lo intente. Usted está listo para una mejor relación y mientras su pareja esté atascada en sus viejas costumbres, ellos también le impedirán crecer. Te mereces algo mejor.

- **u pareja está exagerando sus dolencias como una forma de rebelarse contra sus nuevos límites.**

Usted ha tratado de establecer límites con su pareja y ellos han respondido exagerando su condición. Están haciendo todo lo posible para que parezcan más indefensos. Con suerte, ya sabes por qué. Quieren mantener el ciclo en marcha. Es probable que tengan miedo

Codependencia

y estén nerviosos por el nuevo giro que está tomando su relación y quieren que usted empiece a comportarse como su antiguo yo.

Recuerde que a su pareja se le ha enseñado a equiparar la capacitación con el amor. Este cambio de comportamiento probablemente los está haciendo sentir inseguros, preguntándose cómo continuarán recibiendo amor de ti si ya no sientes la necesidad de ayudarlos. Trate de señalar este comportamiento, suavemente. Llama su atención sobre lo que están haciendo y explícales por qué se están comportando de esta manera. Puede que ni siquiera se den cuenta y que estén reaccionando puramente por inseguridad. Después de esto, continúen siendo firmes con sus límites, pero hagan un esfuerzo extra para mostrarles amor en formas que no fomenten la codependencia. Si les gusta recibir regalos, entrégueles flores o cualquier cosa que fomente un nuevo pasatiempo - pero todo el tiempo, no se arrepienta de hacerlos hacer sus quehaceres. Reemplazar el comportamiento codependiente con otro comportamiento amoroso.

-
u pareja sospecha de usted cuando tiene espacio personal

Dado que usted y su pareja están tan acostumbrados a pasar mucho tiempo juntos, puede resultar estresante una vez que finalmente agrega espacio personal a su vida diaria. Como una manera de sobrellevar la situación, su pareja puede incluso sospechar, creyendo que su comportamiento es causado por un motivo oculto más malicioso. Después de todo, están acostumbrados a ver el amor como sinónimo de tiempo juntos. Llevará tiempo ajustarse a esta nueva perspectiva y puede resultar en resistencia. Incluso pueden lanzar algunas acusaciones. Por ejemplo, pueden creer que la verdadera razón por la que usted quiere espacio es para hacer tiempo para hacer trampa o porque está tratando de romper con ellos de una manera amable. Estas son algunas de las muchas acusaciones que los facilitadores pueden escuchar.

Vea este comportamiento por lo que es. A su pareja le han enseñado que el amor significa aferrarse el uno al otro, así que naturalmente piensan que lo contrario significa que usted no se preocupa por ellos. Obviamente esto no es cierto, así que tómese el tiempo para tranquilizarlos suavemente. Recuérdeles que la razón por la que usted está tratando de cambiar es porque quiere asegurarse de que su relación tenga éxito. El espacio personal es una manera de asegurarse de que su relación sea saludable y segura, no desesperada y pegajosa. Busque maneras de tranquilizar a su pareja sin recurrir a un comportamiento codependiente. Al igual que en el escenario anterior, demuéstreles, amor de nuevas maneras, como comprarles un regalo de vez en cuando o escribirles una tarjeta sincera.

- **u pareja todavía no puede cuidar de sí misma, aunque usted les haya dado espacio.**

Codependencia

Como hemos establecido, la sobre ayuda quita la autonomía y el empoderamiento. Para ayudar a su pareja a reconectarse con su fuerza interior, es probable que usted les haya dado espacio para aprender a cuidar de sus propias necesidades. Este es un paso positivo, de su parte. Sin embargo, es posible que su pareja aún no pueda ayudarse a sí misma. Lo están intentando, pero están fallando. Son incompetentes, hacen las cosas mal todo el tiempo y, en general, no hacen un trabajo tan bueno como solías hacer.

En estos momentos, será tentador volver a su antiguo comportamiento. Verlos fallar hará que quieras ayudarlos nuevamente. Si realmente están luchando, está bien darles un poco de ayuda, pero aparte de esto, trate de mantenerse firme. De lo contrario, puede encontrarse regresando. Están luchando porque esto es nuevo para ellos. Usted ha tenido toda su vida para aprender a hacerlo de la manera correcta, pero ellos solo están aprendiendo ahora. Llevará algún tiempo. Espere que le lleve algún tiempo. Sea amable con ellos y haga lo que pueda para apoyarlos mientras aprenden, pero no haga el trabajo por ellos. Si su pareja tiene problemas para hacer su propia comida, cómpreles un libro de cocina nuevo o pague por una o dos lecciones de cocina - pero no se rinda y empiece a prepararles todos sus almuerzos de nuevo. Tenga paciencia y haga lo que pueda para fomentar el crecimiento.

- **a empezado a sentirse completamente inútil y sin valor.**

Codependencia

Hasta ahora, usted se las ha arreglado como el "arreglador" de su relación. Te acostumbraste a ayudar a tu pareja con cada cosa y a aliviar su dolor siempre que pudiste. Pero no olvidemos que no se trata solo de lo que su pareja recibe de usted; su satisfacción viene en forma de sentirse necesitado. Cuando sabes que estás ayudando a tu pareja, te sientes útil. Siente que está haciendo algo que importa. Romper con los hábitos de codependencia significa que estás tratando de no ayudar demasiado y este nuevo cambio ha hecho que se sienta un poco inútil. Esto puede incluso causar algo de depresión.

Recuérdese que usted *está* ayudando al dar un paso atrás. Al hacer esto, estás permitiendo que tu pareja aprenda sus lecciones y logre su propio crecimiento. Entiende que cuando no estás en una relación de codependencia, ayudar y ser útil se manifiesta en diferentes comportamientos. Estás acostumbrado a la forma codependiente de "ayudar", que es realmente habilitante. Cuando *realmente* ayudamos a alguien, hacemos lo que es mejor para él. Y en este caso, lo mejor para su pareja es *no* ayudarla en exceso. Reconozca que lo que realmente anhela es la gratificación instantánea que se obtiene al habilitar a su pareja. Al no obligarles a hacer nada, les permites hacer lo que les gusta en el momento. Esto puede parecer que es bueno para ellos, pero en realidad, es lo más alejado de ayudar. Recuerde esta distinción y resista la tentación de ayudar en exceso a toda costa.

Codependencia

Este viaje no siempre será fácil. De hecho, a veces usted luchará y sentirá que es demasiado difícil de manejar. Por supuesto que es difícil - después de todo, estás rompiendo los patrones de respuesta que han sido cableados en tu cerebro. Lo importante es que reconozcas la dificultad por lo que es. Es el crecimiento. Mantenga estas lecciones centrales en el centro de todas sus decisiones y pronto podrá decir con orgullo: "No, no soy codependiente".

Conclusión

¡Felicitaciones por completar No más codependencia! Al llegar a esta página, usted ha dado grandes pasos hacia una dinámica de relaciones más sostenible y saludable. Esta es una noticia maravillosa, no solo para usted, sino también para su pareja. Has demostrado que estás realmente comprometido con un futuro más feliz con tu pareja y que estás dispuesto a hacer lo que sea necesario para dejar de ser codependiente. ¡Estás mucho más cerca del éxito de lo que cree! Si necesita más motivación, todo lo que tiene que hacer es volver a este libro. Todo lo que necesita está aquí.

Con suerte, este libro le ha dado el poder de seguir dando estos grandes y poderosos pasos. Es importante que recuerde que las relaciones de codependencia no son una sentencia de por vida; los entrenadores de relaciones y los psicólogos de todo el mundo están de acuerdo en que las codependencias pueden, de hecho, ser sanadas con el tiempo. Al adherirse a las útiles reglas y consejos de este libro, pronto verá su relación bajo una nueva luz. Será un individuo más feliz, más satisfecho y su relación florecerá a su vez. Lo que es importante es que continúe persistiendo y que siga siendo consciente de usted mismo.

Codependencia

Hemos cubierto los detalles en profundidad de la codependencia, identificando lo que realmente significa y lo que exactamente la hace diferente a la dependencia diaria de nuestros seres queridos. Es importante que usted reconozca esta distinción ya que no hay necesidad de eliminar todo su comportamiento dependiente - algo de esto es perfectamente normal. A estas alturas, ya sabes muy bien la diferencia entre los dos. El comportamiento codependiente no significa no depender nunca de nuestra pareja. Simplemente significa tener un nivel saludable de dependencia y saber quién eres sin tu pareja.

Antes de seguir adelante, es esencial que averigüe qué pareja codependiente es. ¿Es usted el habilitador o el habilitado? Trate de abordar esta cuestión sin negarlo. Hemos cubierto los antecedentes probables de cada pareja y es posible que te hayas visto en esas descripciones. Tal vez usted fue capaz de identificar la relación exacta en su infancia que le dio esta mentalidad codependiente. Ahora que ha terminado este libro, intente repasar esos recuerdos. ¿Qué relación temprana te enseñó a ser codependiente? Sumérjase profundamente en usted mismo y reconozca que esta relación temprana fue probablemente muy disfuncional. Tratar su relación de la misma manera solo resultará en las mismas disfunciones. No quieres eso, ¿verdad? Por supuesto que no.

Una vez que se comprometa a cambiar, tendrá que empezar a establecer algunos límites. Esto significa decir "no" y establecer

Codependencia

algunas reglas cuando sea necesario. Significa transmitir a su pareja, de alguna manera, que usted ya no estará arreglando cada pequeña cosa que salga mal. Hacer esto puede ser difícil, especialmente porque no estás acostumbrado. Usted puede incluso tener sentimientos de culpa o incertidumbre sobre cómo hacerlos cumplir. Preste mucha atención a los consejos que hemos cubierto y pronto verá que los límites son completamente naturales. De repente te encontrarás con mucha más energía, ahora que ya no estás agotado por el sobreesfuerzo y por hacer más de lo que te corresponde.

Además de esto, también es importante que usted y su pareja trabajen para desarrollar su sentido de identidad. Esto puede significar desarrollar una autoestima y una autoconciencia más fuertes. Usando las afirmaciones y ejercicios en este libro, puede comenzar a volver a cablear su psique para producir pensamientos más positivos sobre usted. ¿Cómo puede aprovechar al máximo sus dones y cualidades positivas si nunca se da cuenta de que existen? Ya sea que te des cuenta o no, la autoestima es una gran parte de la sanación de la codependencia. Necesita reconocer que es usted una persona suficiente y maravillosa, incluso sin una pareja a su lado. Al crear un diálogo interno más positivo, ayudará a que su relación prospere.

Después de aprender sobre los límites y desarrollar la autoestima, te enfrentaste a grandes desafíos. Es decir, comportamiento destructivo. Con suerte, usted fue motivado e

Codependencia

inspirado para finalmente eliminar estos hábitos dañinos de su vida. No puedes evolucionar si no te deshaces de los obstáculos. Una vez que haya identificado cuáles son estos obstáculos, puede trabajar duro para superarlos. Ahora que usted entiende el ciclo del abuso narcisista, es de esperar que pueda recuperarse de cualquier abuso que haya sufrido. Si estás en una relación con un narcisista, agárrate fuerte. Puede ser un viaje turbulento. Vuelva a la sección sobre el abuso narcisista y haga todo lo posible para promulgar los cambios que se mencionaron; de lo contrario, es posible que se encuentre atrapado en un ciclo que nunca termina. Recuerda esto: si no cambias, ¡nada cambiará!

Con nuevas estrategias de desprendimiento y ejercicios a su alcance, finalmente podrá descubrir la independencia. Permitan que esto se sienta liberador porque lo es. Diviértete con los desafíos y disfruta cómo se siente tener finalmente un espacio personal. A estas alturas, ya sabrá todo sobre la importancia del tiempo y el espacio personal. La próxima vez que te encuentres perdido sobre qué hacer contigo mismo, ten por seguro que tienes una lista sólida de ideas para qué hacer. Considere la posibilidad de participar en una actividad que promueva el crecimiento personal o que lo refresque a través del autocuidado. ¡Usted necesita ambos en igual medida!

Las lecciones básicas que son integrales para sanar la codependencia se han resumido en trozos del tamaño de un bocado. Vuelve al capítulo final, si alguna vez te encuentras vacilando.

Codependencia

Recuérdese de estas lecciones y asegúrese de que cada cambio que haga sea impulsado por ellas. Si surge un escenario difícil con su pareja, este capítulo también le dará ideas sobre qué hacer. Siempre hay una solución siempre y cuando ambas parejas estén comprometidas con el crecimiento. No dejen que el "habilitador" y "habilitado" definan su vida juntos. Explora tu individualidad, aprende a desprenderte de manera saludable y sumérgete en el amor durante toda tu vida (no solo en su relación). Muestre el mismo afecto que es capaz de dar a otra persona, y moverá montañas.

Bienestar emocional tras una relación narcisista

Se acabó. Descubre por qué atraes personalidades narcisistas y aprende a protegerte de manipuladores emocionales y relaciones tóxicas

Tabla De Contenidos

Introducción 149

Capítulo 1 - Descifrando el narcisismo 155

Los 7 signos de advertencia del trastorno narcisista de la personalidad 155

¿Qué causa el narcisismo? 162

4 tipos de narcisistas de los que usted necesita mantenerse alejado 164

Los 4 tipos de personas que atraen a los narcisistas 166

Capítulo 2 - Mantenerse un paso adelante 170

11 maneras de saber que tiene una relación con un narcisista .. 171

5 cosas que a todo narcisista le gusta decir 185

5 desencadenantes de la furia narcisista 187

Capítulo 3 - Cuando es suficiente es suficiente 193

5 consejos esenciales para tratar con un narcisista de la manera correcta 194

5 frases para desarmar instantáneamente a un narcisista 199

Capítulo 4 - Corte de la cuerda 203

Por qué es tan difícil romper con un narcisista 203

Las 7 etapas de la vinculación del trauma 205

Cómo romper con un narcisista para siempre 207

Usando el método de la roca gris a su favor 210

Capítulo 5 - Sanación del abuso narcisista 213

Las 5 etapas de recuperación del abuso narcisista.................... *214*

5 verdades transformadoras a las que toda víctima debe enfrentarse *219*

Ejercicios esenciales para fortalecer el corazón y la mente sanadores *224*

Afirmaciones que protegen la vida para curar heridas del pasado *227*

Capítulo 6 - Romper el ciclo **232**

6 razones por las que sigues atrayendo a los narcisistas........... *232*

7 maneras de detectar a un narcisista en la primera cita *236*

4 maneras de dejar de atraer a los narcisistas de una vez por todas *241*

9 poderosos consejos para desarrollar un amor propio inquebrantable *244*

Capítulo 7 - Amar de nuevo........................ **250**

7 errores que se deben evitar cuando empiezas a salir con alguien de nuevo *251*

5 primeros signos de que finalmente ha encontrado un buen socio *255*

8 grandes hábitos para comenzar su nueva relación de la manera correcta........................ *259*

Conclusión **264**

Introducción

Si ha escogido este libro, es posible que se pregunte si tiene una relación con un narcisista. Alternativamente, puede saber que está en una relación con un narcisista y ahora se pregunta cómo salir de él. O podría estar tratando de evaluar si realmente necesita salir o si las cosas mejorarán.

Puede que haya venido a este libro porque acaba de salir de una relación que comenzó bien pero que luego te dejó tan magullado e inseguro de lo que salió mal que ahora está buscando maneras de sanar y seguir adelante. Desea evitar una repetición de la devastación que un narcisista puede causar en su bienestar.

Algunos de ustedes pueden incluso estar en una nueva relación con alguien que fue herido por un narcisista y quiere saber cómo ayudarlos a seguir adelante.

Sea lo que sea lo que te trajo aquí, has venido al lugar correcto. En los capítulos siguientes, aprenderás a identificar el abuso narcisista y a detectar a un narcisista, para que no te vuelva a picar. Aprenderás lo que dicen, lo que hacen y cómo reaccionan.

Aprenderás a protegerte y a usar técnicas para retroceder, de modo que no atraigas la ira de este tipo de personalidad particularmente difícil. Lo más importante es que se te darán las herramientas para ayudarte a recuperarte de tu experiencia y seguir adelante con tu vida hacia un futuro más feliz y mejores relaciones.

Relación Narcisista

Como alguien que se ha encontrado con algunos narcisistas en mi época, he estudiado de cerca este tipo de personalidad problemática y he desentrañado muchos de los secretos que los hacen ser quienes son. Una vez que realmente los entiendes, pierden su control sobre ti y se revelan por lo que son - individuos preocupados y profundamente solitarios que tristemente están demasiado dañados para disfrutar de relaciones sanas y equilibradas con los demás. No puedes ayudarlos.

Lea este libro y saldrá no solo con una mayor comprensión, sino también con las herramientas para liberarse del narcisista en su vida. Puede esperar una mayor paz y seguridad en sus relaciones futuras, una sensación de seguridad y bienestar y una mayor confianza en sí mismo, algo que un narcisista es bastante hábil para socavar.

Esto es lo que cubriremos:

- **Cómo detectar a un narcisista**

    Descubrirá lo que te dirán, cómo se meten en su piel y, lo que es más importante, cómo te harán sentir. Vamos a ver los diferentes tipos de narcisistas y algunos ejemplos de cómo tienden a comportarse en ciertas situaciones, por ejemplo, en una primera cita.

    También veremos qué es lo que convierte a alguien en un narcisista, y quiénes son realmente bajo ese exterior duro (pista: muy inmaduro). Saber cuán pequeñas y asustadas son estas personas bajo esa superficie lisa es clave para entender su comportamiento y para no ser afectadas por él.

- **Cómo recuperarse del abuso narcisista**

Un narcisista puede hacer daño aparentemente sin arrepentirse. Con sus palabras y su comportamiento, pueden hacerle dudar de usted mismo, sentirse inseguro de su cordura y vivir en un estado de sitio. Prosperan en el drama, la discordia y el conflicto, mientras que la gente a su alrededor lucha por hacer cualquier otra cosa que no sea protegerse de su próximo ataque. Pero puede romper este ciclo y no volver a caer en él.

En este libro, descubrirá cómo fortalecerse, sanar y restaurar su sentido de autoestima después del abuso narcisista. También veremos cómo separarse, desconectarse o pasar de un narcisista sin atraer su ira narcisista.

- **Cómo lidiar con un narcisista en el momento**

Desafortunadamente, este rasgo de personalidad es razonablemente común. De hecho, hay veces en que es más fácil llevarse bien con un narcisista. Un ejemplo es cuando usted tiene uno en su lugar de trabajo y de otra manera ama su trabajo. Otra es cuando tiene un miembro narcisista de la familia con quien tiene que mantener algún contacto por el bien de la paz más amplia. ¿Por qué deberías irte para escapar de esta única persona?

La respuesta es que no. Pero lo que necesita son algunas técnicas simples para prepararse para esos encuentros. De esta manera, puede tratar con el narcisista de una manera tranquila y asertiva "en el momento" cuando intentan presionar sus botones. El otro beneficio de esto es que es probable que se aburran, pasen a su próxima víctima y te dejen en paz.

- **Cómo escapar de un narcisista**

Una cosa que los narcisistas no pueden tolerar es ser ignorados o abandonados. Esto desencadena todos sus sentimientos enterrados, a menudo desde la infancia, que los llevó a comportarse de manera abusiva en primer lugar. Puede estar seguro de que le harán la partida tan difícil para usted como lo es para ellos. Una vez que haya escapado, el narcisista en su vida simplemente pasará a otra persona, pero antes de que eso suceda, puede esperar una escalada de todos sus peores comportamientos. En los casos más graves, puede estar en peligro real.

Sin embargo, hay maneras de desarmar al narcisista, retroceder lentamente y protegerse. Estos pueden ser aprendidos. Lo más importante es que estas técnicas harán que el proceso sea más fácil y menos angustioso para usted. Con un poco de planificación y tácticas de fácil acceso a sus espaldas, pronto estará esperando un futuro más pacífico, lejos de este individuo dañado y dañino.

- **Cómo ayudar a otras víctimas de abuso narcisista**

Tratar con un narcisista puede hacerte sentir aislado e inseguro de tu propia cordura. Siga leyendo para conocer las herramientas esenciales que lo ayudarán no solo a recuperarse, sino también a detectar los signos en otras víctimas y ayudarlas a liberarse también. Como se sabe más de este tipo de personalidad, espero ver un mundo en el que no se salgan con la suya casi tanto como parecen ahora mismo. Los narcisistas prosperan en el secreto, y al escribir este libro y exponer sus secretos, espero que aprendas de mi trabajo y te vayas sintiéndote mejor equipado para simplemente desentenderte de ellos.

A través de mis escritos, investigación y estudio de este tipo de personalidad en particular, he ayudado a muchas personas a escapar del abuso narcisista. Estar atrapado en una relación con un narcisista es algo que comparo con la analogía de la "rana en la cacerola de agua": cuando la rana se da cuenta de que el agua está hirviendo, ya es demasiado tarde para saltar.

Con un narcisista, se encuentra luchando por escapar, agotado por sus juegos mentales, sus rabietas y sus insultos. Termina dudando de usted mismo. Usted puede sentir que está atrapado en una situación aparentemente interminable y que ya no tiene el valor de escapar.

¡No deje que esto le pase! Edúquese, aprenda las señales que debe buscar y cómo cuidarse y a los demás. Un narcisista tiene el poder de causar grandes daños e incalculables daños a quienes lo rodean, pero no tiene por qué ser así. Son tan fuertes como usted lo permita.

Cuando realmente entiendas este tipo de personalidad, verá que no son tan poderosos como parecen. Usted sabrá exactamente qué decir y cómo comportarse para que simplemente se aburran y pasen a otra persona. En mi experiencia, los narcisistas son muy difíciles, si no imposibles, de tratar.

No cambian y no buscan ayuda. A menudo, están perfectamente satisfechos con el estatus quo y se resisten a cualquier cambio o mayor igualdad en sus relaciones con los demás. ¿Por qué querrían un cambio cuando tienen a todos bailando a su alrededor?

Entonces, por difícil que sea, tampoco tiene sentido desear que cambien, a pesar de lo que pueden prometerte a veces. Nunca cambiarán. Todo lo que puede hacer es aceptar eso e intentar seguir con su propia vida.

Con mi ayuda, usted puede esperar un futuro más feliz. Puedes escapar. Puedes tener una vida libre de drama y de la influencia tóxica de un narcisista. Usted puede sentir mayor satisfacción y una sensación de seguridad y propósito. Y lo que es más importante, te lo mereces. Los narcisistas son muy buenos jugando con nosotros mismos, manipulando a las personas más amables y empáticas para satisfacer sus propias necesidades egoístas. No tiene que ser víctima de esto, y no tiene que involucrarse en sus juegos.

Siga leyendo para saber cómo.

Capítulo 1 - Descifrando el narcisismo

En este capítulo, comenzamos a desentrañar el narcisismo para descubrir qué es, qué lo causa y cómo detectarlo en otros. También vemos el tipo de gente que tiende a caer presa de las artimañas de un narcisista.

Te daremos algunas pistas que debes tener en cuenta cuando conozcas a alguien por primera vez, y comportamientos extraños que debes tener en cuenta. ¡Comencemos!

Los 7 signos de advertencia del trastorno narcisista de la personalidad

El narcisismo es un trastorno de personalidad reconocido que se cree que afecta a alrededor del 6% de la población, aunque muchos de los que lo padecen pueden no ser diagnosticados. Se caracteriza por un grandioso sentido de sí mismo (a menudo muy inmerecido), una necesidad despiadada de explotar a los demás y un fuerte sentido del derecho. Los narcisistas también son propensos a las rabias narcisistas. Desafortunadamente, ellos mantienen su verdadero ser escondido y también pueden ser extremadamente encantadores cuando lo necesitan.

Relación Narcisista

Una vez que sabes qué buscar, los narcisistas suelen ser fáciles de detectar, y puedes mantenerlos a distancia sin ser arrastrado a su mundo. Pero ¿qué está buscando?

Siga leyendo para ver los 7 signos clave del Trastorno Narcisista de Personalidad si cree que alguien que conoce o a quien estás cerca puede tenerlo. A ver si algo de eso te parece cierto.

1. Tienen un grandioso sentido de sí mismos

El narcisista siempre tiene que ser el mejor: el más guapo, el más exitoso, el más interesante. Si bien esto puede ser encantador o entrañable a corto plazo, rápidamente se convierte en desgaste para los que rodean a esta persona, ya que luchan por que se reconozcan sus propios logros y necesidades.

Los narcisistas creen que son especiales y únicos. Ellos creen que solo deben asociarse con otras personas especiales y que merecen el mejor trato y atención posibles en cualquier situación. Entrenan a otros a creer esto también, para que antes de que te des cuenta, estés bailando alrededor de esta persona y tratándola con excesivo cuidado, a menudo a un costo considerable para tu propio tiempo, bienestar, energía y crecimiento personal.

También exageran y mienten sobre sus logros, y minimizan, ignoran o se niegan a reconocer los de los demás. Cualquier cosa que haya logrado en son u vida, puedes estar seguro de que el narcisista también lo ha hecho, y lo ha hecho mejor.

Comportamiento narcisista clásico:

Tú: Oh, ¿adivina qué? ¡Mi novela está siendo publicada!

Ellos: Eso está bien. Eso me recuerda que voy a escribir una novela. Me encanta escribir, y siempre fui muy buena en inglés. Todos me decían que debía escribir un libro. ¿Quién es su agente, y puede enviarme sus datos? Me gustaría hablar con ellos sobre mi libro planeado.

2. Viven en un mundo de fantasía

En su propio mundo, son exitosos, maravillosos, y están ahí para ser admirados. Si usted apoya y refleja estas creencias en ellos, disfrutará de su aprobación. Sin embargo, si te atreves a desafiarlos en la verdad o en los detalles de sus muchos logros, prepárate para una reacción violenta. Pronto aprenderás a andar con cuidado alrededor del narcisista para evitar cualquier repercusión o **rabia narcisista**, que conoce pocos límites.

Comportamiento narcisista clásico
Si un narcisista visita su casa, espere alimentarlos, atenderlos, y limpiar después de ellos, y posiblemente prestarles dinero, sin ninguna reciprocidad del favor. Si los visita, espere que le den poco de comer y que simplemente los escuche hablar de sí mismos. Después de todo, tiene suerte de estar cerca de ellos.

3. Requieren grandes elogios y una atención total

Si está en compañía de un narcisista, después de un tiempo empezará a notar algo: todo es de una sola dirección. Simplemente está ahí para escucharlos hablar de lo maravillosos, talentosos y especiales que son. Quieren que usted escuche cuántos amigos tienen y qué tan exitosos son en su carrera.

Trata de obtener algo de ellos o pídeles que te reconozcan de alguna manera y prepárate para frustrarte: el narcisista es simplemente incapaz de prestar atención a los demás. Va en contra de su creencia de que ellos son los que deben ser cuidados, deferidos y mimados. Les resulta increíblemente difícil concentrarse en los demás o reconocerlos.

Comportamiento narcisista clásico

Está en una fiesta, celebrando el embarazo de una amiga. El narcisista aprovechará la oportunidad para anunciar sus propios planes para tener un bebé y de alguna manera terminarás bebiendo champán y felicitándolos, mientras ellos se paran en medio del círculo, sonriendo y disfrutando de la atención. Mientras tanto, la amiga embarazada es olvidada.

4. Tienen un sentido extremo del derecho

Por supuesto, todos merecemos ser tratados con respeto y amabilidad, pero un narcisista lleva esto a otro nivel. Puede ser preparado con el tiempo para aceptar sus demandas si las conoce personalmente y acepta que es "tal como son", pero a menudo es asombroso ver su sentido de derecho jugar con otras personas.

A menudo, ver a un narcisista en el mundo es un momento de luz para sus víctimas. Usted también puede ver el comportamiento más apropiado en la forma en que tratan a los demás y se sienten avergonzados por ellos. Usted se sorprendería de su capacidad para hacer las demandas más escandalosas, aparentemente por diversión.

¿Cómo tratan a los camareros, al personal de recepción, a los comerciantes? Pueden ser demasiado amables con aquellos que los tratan con deferencia, pero tenga cuidado si alguien se atreve a ponerlos en su lugar o se niega a ayudarlos con sus demandas, a menudo irrazonables.

Comportamiento narcisista clásico

Está en una ciudad extranjera y busca un banco. El narcisista entra en un hotel cercano y le exige al recepcionista que busque las direcciones de un banco, las anota y luego, como idea de último momento, les da instrucciones detalladas sobre varios museos locales. Si la recepcionista se niega a ayudarlos, se sentirán extremadamente enojados y se volverán groseros y petulantes, y se quejarán amargamente de lo irrazonable que fue la persona.

5. Explotan a los demás sin culpa ni vergüenza

Todos somos culpables a veces de sobrepasar la marca con otros, y para la mayoría de la gente, una vez que nos damos cuenta de esto, nos disculpamos y hacemos las paces. Podemos sentir vergüenza o culpa y jurar aprender de nuestro error y hacerlo mejor la próxima vez.

Pero para el narcisista, no hay sentido de culpa o vergüenza. Solo hay rabia y un sentido de feroz injusticia si se les llama por su comportamiento - después de todo, son *especiales*. Se les permite romper las reglas. A diferencia de la gente normal, el narcisista está constantemente buscando una forma de entrar - y son muy buenos jugando con la cortesía y generosidad natural de la gente para satisfacer sus propias necesidades.

Los narcisistas no ven ningún sentido en ayudar a otros por su propio bien. Lo único que les importa es satisfacer sus propias necesidades, y están preparados para comportarse tan mal como necesitan para que esto suceda. Lo único que puede detenerlos es la preocupación de que vayan demasiado lejos y pierdan el acceso a la persona o cosa que están explotando: entonces, y solo entonces, se retirarán temporalmente para que puedan seguir consumiendo y abusando en el futuro.

Comportamiento narcisista clásico

Un narcisista aceptará su oferta para salir por el día, pero "olvidará" su billetera. Terminará pagando su almuerzo, bebidas y tarifas de entrada. Sin embargo, en el último momento, en una tienda, de repente "encontrarán" su billetera y se comprarán una bolsa nueva con todo el dinero que les ha ahorrado. En el tren de regreso a casa, mencionarán que le devolverán el dinero, pero que nunca volverá a ver ese dinero ni le agradecerán que los haya tratado todo el día.

O digamos que conoce a alguien en una fiesta que es amigo de un amigo. Te llenan de atención y a través de su amigo, rastrean su correo electrónico o número de teléfono. Antes de que se dé cuenta, están de paso por tu ciudad - porque tuviste una gran charla en la fiesta, ¿está bien si se detienen en tu casa, a la hora del almuerzo? Antes de que te des cuenta, les das de comer y los escuchas hablar de sí mismos durante dos horas, les prestas un libro y les ayudas a resolver un problema con su teléfono, todo en tu día libre.

6. Ellos intimidan, menosprecian y humillan

Para controlar a los demás, es necesario que se sientan pequeños y débiles, y nadie lo hace mejor que un narcisista. Son expertos en cazar tus puntos débiles o sensibilidades y luego usar este conocimiento para intimidarte y humillarte cada vez que parezca que te estás adelantando. Para ellos, todo es un juego. Les gusta hacer que otros se sientan pequeños porque los hace sentir poderosos, y les conviene hacer esto a los que están cerca de ellos porque los hace más fáciles de controlar.

Comportamiento narcisista clásico

Está vestido y se siente bien con usted mismo, y el narcisista hará un comentario sarcástico sobre su apariencia, se reirá de usted o simplemente se negará a reconocer el esfuerzo que has hecho. Si pareces demasiado confiado, te harán un comentario desagradable sobre tu cabello o tu ropa para bajarte los humos.

7. No tienen empatía

Esta es quizás la característica más escalofriante de un narcisista, así como su rasgo central. Carecen de empatía básica y simplemente no pueden relacionarse con el dolor de los demás de ninguna manera significativa. Pueden ser capaces de fingirlo, pero en realidad, no sienten nada por el sufrimiento de los demás. Algunos de los narcisistas más malignos (más adelante más información sobre este tema) incluso parecen sentir una extraña alegría al ver sufrir a quienes los rodean.

Comportamiento narcisista clásico

Acaba de romper con su novio. Comparte los detalles con el narcisista y no recibe ninguna simpatía o consuelo a cambio, solo un aburrido comentario sobre cómo la relación se estaba alargando de todos modos y cómo pareces ser siempre tan desafortunado en el amor. Cambian de tema para hablar de lo bien que va su propia relación.

¿Qué causa el narcisismo?

Muchos psicólogos creen que el narcisismo tiene sus raíces en la infancia. A menudo, parece estar relacionado con una combinación de asfixiar a un niño con amor y aprobación, y también de descuidarlos. Los narcisistas pueden haber sido enviados a un internado, por ejemplo, por lo que tienen unas vacaciones de lujo y privilegio entremezcladas con largos períodos de atención institucional en los que se sienten solos y abandonados por sus padres.

Los niños pequeños tienden a ser bastante egoístas y faltos de empatía, ya que son rasgos que disminuyen con la madurez. El narcisista, sin embargo, nunca parece aprender a ser más amable. Es posible que se hayan consentido demasiado cuando eran niños y se les haya permitido escapar con el asesinato, pero también fueron descuidados por sus principales cuidadores, y nunca aprendieron a sentir empatía o pensar en el impacto de su comportamiento en los demás.

A veces les sucede algo que es tan traumático que permanecen atrapados en una forma egoísta e inmadura de tratar con los demás. Adulto, pero comportándose como un bebé. Una vez más, esto puede deberse a que sus cuidadores no les dan las herramientas para tratar bien a los demás.

Como con todos los rasgos de personalidad, es imposible decir cuánto se puede atribuir a las experiencias de la infancia y cuánto es simplemente temperamento y genes. Lo que importa para los que rodean al narcisista es cómo tratar con él o ella, no qué causó que fueran como son.

Es importante recordar, sin embargo, que las raíces del narcisismo en la infancia significan que es un aspecto fundamental de la naturaleza de esta persona, no algo que pueda cambiar, y que de ninguna manera es culpa suya. Te resultará muy difícil, si no imposible, cambiar a un narcisista. Todo lo que puedes hacer es cambiar la forma en que reaccionas ante ellos.

¿Cuándo es narcisismo y cuándo es solo confianza o arrogancia?

Se estima que alrededor del 6% de la población adulta sufre de narcisismo. Pero ¿qué lo hace diferente de la arrogancia que vemos en la cultura popular? ¿Qué distingue al narcisismo de la cultura de la autopromoción y de la autopromoción y de la exhibición que vemos en los medios sociales, por ejemplo?

La diferencia a menudo radica en la autenticidad de esta confianza: si es genuina, tiende a no causar problemas. Pero si esconde a una persona mucho más incierta, puede ser un desastre. Aunque no hay nada malo en demostrar confianza en uno mismo en la vida, aunque a veces se convierta en arrogancia, el narcisismo es algo diferente. Sufren de celos y son "cucharones de balde" crónicos - siempre buscando sumergirse en el balde de autoestima de otra persona en un intento fallido de llenar el suyo propio.

El narcisista carece totalmente de cualquier forma de confianza en sí mismo - en el fondo, son en realidad un niño muy pequeño y asustado. Su grandioso comportamiento es defensivo y una forma de protegerse de más daños. Lo que parece un comportamiento con derecho es en realidad un acto, ocultando a alguien con muy poca autoestima.

Esto no es verdadera autoconfianza, que es un rasgo que generalmente hace que la gente sea más agradable de estar cerca. Usted también puede ser una persona arrogante a veces, pero aun así ser una pareja amorosa, por ejemplo. Un narcisista, por otro lado, tiene un trastorno de personalidad y es difícil, si no imposible, tener una relación saludable y mutuamente satisfactoria con ellos.

4 tipos de narcisistas de los que usted necesita mantenerse alejado

Los narcisistas vienen en diferentes formas, y algunos son más fáciles de detectar que otros. Sin embargo, vale la pena evitarlos todos. Aquí hay cuatro tipos reconocibles y qué buscar en cada uno:

1. Narcisistas abiertos

Hacen la vida (relativamente) fácil en el sentido de que puedes verlos a una milla de distancia. Este es el tipo de personas que se jactan en Twitter de sus últimos logros o mienten sobre el precio de su coche, o sobre cuánto ganan.

Los narcisistas abiertos también son propensos a las explosiones y fusiones públicas, lo que hace que sean fáciles de observar y evitar. Pueden ser muy encantadores y seductores cuando quieren algo, pero una vez que lo tienen, siguen adelante.

2. Narcisistas encubiertos o en el armario

Estos tipos son más difíciles de detectar y mejores para ocultar su verdadera naturaleza. Pueden presentarse como santos, haciendo mucho trabajo por caridad y buenas obras de alto perfil. Sin embargo, rasca esa superficie prístina o consíguela sola y encontrarás un narcisista.

3. Narcisistas tóxicos

El narcisismo, como todos los rasgos de personalidad, existe en un espectro. Un poco es saludable, un poco más molesto, pero mucho - peligroso.

Los narcisistas tóxicos se encuentran en el extremo más extremo del espectro, así que prepárate para el drama si dejas que uno de ellos entre en tu vida. Pueden ser rencorosos, extremadamente desagradables o intimidantes y, en general, hacen que su vida sea extremadamente difícil.

4. Narcisistas psicopáticos

Realmente espero que nunca conozca a uno de estos personajes. Son verdaderamente peligrosos, no muestran empatía ni remordimiento, y buscan activamente imponer el sufrimiento a los demás. Los asesinos y los abusadores peligrosos caen dentro de esta categoría. Disfrutan del sufrimiento de los demás y son como vampiros en su consumo de miseria y dolor.

Los 4 tipos de personas que atraen a los narcisistas

Una cosa que hay que entender sobre los narcisistas es que tienen muy poco sentido de sí mismos. En lugar de desarrollar una autoestima normal y saludable, terminaron siendo adultos sintiendo que ambos eran especiales pero muy incomprendidos, una combinación extraña y no muy feliz.

Lo que les atrae, al igual que a los vampiros, son las personas con un buen sentido de sí mismas y una cierta empatía hacia los demás. Un narcisista querrá beneficiarse tanto de tu amabilidad como también aplastar tu autoestima para que les des más de tu energía. Se alimentan de los buenos sentimientos de los demás porque no tienen nada propio a lo que recurrir.

Uno de los términos que oirás en relación con los narcisistas es "suministro". "Pero ¿qué es? Esencialmente, el **suministro**

narcisista es lo que ellos quieren de ti - el suministro para ellos es atención, drama, enfoque, energía. Puede que hayas oído la frase "me estaba chupando la vida". "Esto es lo que se siente al estar con un narcisista durante mucho tiempo - te sientes obligado a darles tanto de ti mismo, mientras que te devuelven muy poco, y terminas sintiéndote agotado.

Aquí están 4 de las características que se encuentran en aquellos que caen presa de los juegos mentales del narcisista. Tenga en cuenta, sin embargo, que usted no tiene que ceder ante ellos. Si aprendes a reconocer a un narcisista, puedes poner buenos límites y protegerte. En los capítulos siguientes, le mostraremos cómo hacerlo.

1. **Alguien exitoso y talentoso**

Aunque nunca logrará que el narcisista lo admita, es posible que se dirijan a usted porque perciben que tiene éxito o talento de alguna manera. Incapaz de lidiar con sus sentimientos de celos, ellos harán un juego para derribarte, humillarte y destruir tu confianza como una forma de sentirse mejor consigo mismo.

¿Esto realmente funciona para ellos? No. Pero recuerda, el narcisista es muy inmaduro. Son como un niño de cuatro años estampando en el castillo de arena de otro niño, que desearían haber construido ellos mismos. Llevar a alguien más puede darle un alivio temporal, pero muy pronto, esos sentimientos de envidia e incompetencia regresarán. Si estás cerca cuando lo hagan, prepárate para ser atacado una vez más. Este es el ciclo del abuso narcisista, y pronto llegarás a reconocer que los días buenos siempre van seguidos de los malos.

Los narcisistas también se sentirán atraídos por las personas exitosas porque sienten que pueden aprovecharse de tus contactos y talentos para beneficiarse a sí mismos - por ejemplo, acudiendo a tus eventos profesionales y usando su conexión contigo para conocer gente y tratar de promover sus propios intereses.

2. Alguien que hace que el narcisista se sienta bien consigo mismo

Una vez más, usted encontrará que las personas que se sienten bien consigo mismas tienden a estar dispuestas a prestar esa misma energía a los demás. Así que le hacen cumplidos a la gente o le hacen gestos amables en la creencia de que así es como te comportas en la vida. Desafortunadamente para ellos, el narcisista querrá más y más de estas bondades, hasta que el dador se sienta agotado y agotado por ellos. Los narcisistas son pozos de necesidad sin fondo, y si les das una mano, ellos tomarán un brazo.

Una vez más, no puedo enfatizar lo suficiente lo importante que es no mirar las palabras de alguien - que pueden ser muy encantadoras cuando es necesario - sino cómo te sientes a su alrededor. ¿Te sientes nerviosa? ¿Se siente agotado? Si usted es alguien que tiende a ser amable y dar, tenga en cuenta que a veces, por su propio bien, necesita contenerse.

3. Alguien que los haga lucir bien

No se trata de usted, se trata de ellos. Así que, si tiene algún talento, o eres guapo, o impresionante de alguna manera, puede encontrar a un narcisista uniéndose a usted y alimentándose de su gloria reflejada. Usted puede encontrar la atención halagadora, pero después de un tiempo, usted querrá quitársela de encima. Ahí es cuando te das cuenta de que no es tan sencillo como tratar con una persona normal.

4. Alguien que los consiente y aguanta su comportamiento.

Tenga cuidado de no ser demasiado amable o comprensivo con un narcisista. Si bien las personas normales no aprovecharán su amabilidad, puede estar seguro de que este tipo de personalidad lo hará. Básicamente se alimentarán de su buena voluntad y atención, necesitando más y más. Y si intenta retroceder o establecer algunos límites, prepárese para los problemas.

Así que ahí lo tienes. Con este capítulo, hemos analizado lo que hace que alguien sea un narcisista y qué tipo de gente se siente atraída hacia él. Sigue leyendo para saber qué hacer si acaba de darse cuenta de que tiene un narcisista en su vida.

Capítulo 2 - Mantenerse un paso adelante

Los narcisistas son muy hábiles en la manipulación, por lo que es demasiado fácil pasar por alto las primeras señales de advertencia de que estás en una situación peligrosa con alguien que parece perfectamente normal y encantador.

Sin embargo, con lo que puedes armarte son algunas señales que debes tener en cuenta cuando acabas de conocer a alguien y te preguntas si es "todo en tu cabeza" o no. Los narcisistas no son tan inteligentes como creen, y pronto aprenderás a detectar algunos rasgos y señales comunes.

En este capítulo, también veremos algunas de las tácticas utilizadas por los narcisistas para manipularte, y algunas de las frases comunes que probablemente oirás de este tipo de personalidad.

Finalmente, veremos la rabia narcisista y sus desencadenantes. Esta es una sección importante para leer ya que, si no la has experimentado antes, una rabia narcisista puede llegar a ser un gran shock. Te quedarás preguntándote qué has hecho mal y cómo puedes arreglarlo.

Relación Narcisista

11 maneras de saber que tiene una relación con un narcisista

1. Parecen absolutamente encantadores al principio.
Ya sabe lo que dicen de algo o alguien que parece demasiado bueno para ser verdad. Normalmente lo son. Si alguien es tan dulce, agradable y está tan encantado con todo lo que dices y haces, debería hacerte sentir un poco.... cauteloso. Nadie es tan amable, ¿verdad? ¿Cuándo va a cambiar esto?

Confíe en sus instintos. Esto no puede ser lo suficientemente estresado. Es posible que esté siendo preso de los **bombardeos amorosos**, que es exactamente lo que parece: estar absolutamente asfixiado por el amor y la admiración.

No solo mire lo que alguien dice o hace. Mírelo a los ojos: ¿su expresión coincide con sus palabras? Los narcisistas pueden ser increíblemente dulces y encantadores, pero no pueden ocultar sus ojos fríos. Entonces, si siente que las palabras y la expresión de alguien no se están sumando, no le crea.

Los narcisistas no quieren las mismas cosas de una relación que la gente común. Mientras usted o yo buscamos compañía, conversación, apoyo y risas compartidas, un narcisista se enfoca solo en lo que puede obtener de usted - sea esa atención, gloria, tiempo, energía, dinero y estatus.

Tienden a ver a los demás solo en términos de lo que pueden hacer por el narcisista, no como alguien que comparte una relación de apoyo mutuo. Así que cuando alguien parece decidido a ganarte, a estar bombardeándote con textos y declaraciones de afecto, da un paso atrás. Disfrute de la atención, por supuesto, pero tómelo con un grano de sal. El tiempo lo dirá.

2. Son increíblemente egoístas
Este es un rasgo compartido por todos los narcisistas, y uno que se manifiesta en grandes y pequeñas maneras. Fíjese cómo es estar con ellos - ¿es usted el que está escuchando, o ellos escuchan de nuevo (y con eso quiero decir, escuchando activamente, reflejando lo que usted dice y pareciendo genuinamente involucrarse con usted como persona)?

¿Terminas dando más: más dinero, más trabajo, más energía emocional? Cuando te alejas de ellos, ¿te sientes inspirado y animado, o simplemente agotado? Un narcisista puede ser encantador y divertido, pero también tiene una manera de tomar todo el oxígeno disponible en una habitación, de hacer todo sobre ellos. Es posible que no lo note de inmediato, especialmente si es alguien a quien le gusta dar, pero simplemente comienza a notarlo y puede ver emerger un patrón de comportamiento egoísta.

Otro punto aquí: mire cómo se comportan cuando no hay nadie cerca. Pueden ser buenos en los grandes gestos cuando tienen público, pero ¿cómo lo tratan de la misma manera cuando están los dos solos?

3. Se preocupan más por la imagen de su relación que por la realidad.

Una vez más, se trata de la obsesión del narcisista por las apariencias. Los narcisistas tienden a ser a la vez reservados y obsesionados con su imagen pública. Puede que hayas estado discutiendo con ellos esa mañana, pero aun así publicarán una foto de ustedes dos en sus cuentas de medios sociales y presentarán una imagen perfecta de su relación con los demás.

Con la mayoría de la gente, la vida es de tonos grises. Pero con este tipo de personalidad, su necesidad de ser el mejor, el más popular, exitoso y atractivo triunfa sobre su necesidad de cualquier tipo de autenticidad. Una de las cosas que sorprenden a las personas en una relación con un narcisista es que cuando hablan con los demás sobre lo mal que va la relación, a menudo se encuentran con sorpresa.

"¡Pero ella siempre habla tan bien de ti!" es una respuesta común. Esto se debe a que los narcisistas quieren dar la impresión de que se llevan bien con todos y de que comparten una intimidad maravillosa con los demás. Además de querer preservar su imagen de sí mismos como una persona maravillosa y popular, esto también significa que los demás no le creen cuando diga que la relación no es tan maravillosa como parece. Así que terminaría sintiéndose aislado y confundido, ¿estás imaginando cosas? (La respuesta es no.)

4. Son críticos con todo lo que haces

A un narcisista le gusta controlar a los demás para sentirse más seguro de sí mismo, y una forma de hacerlo es criticar y encontrar fallas en todo lo que haces. El resultado es que te sientes nervioso, como si estuvieras caminando sobre cáscaras de huevo, tonificándote para evitar más comentarios negativos.

Tenga cuidado con esos pequeños comentarios sobre lo que lleva puesto, su cabello, sus opciones de carrera y pequeñas decisiones diarias: pueden parecer inofensivas por sí solas, pero pueden empezar a sumar y desgastar su autoestima, lo que hace que el narcisista sea mucho más poderoso que usted

Si está en una relación romántica, mire cómo alguien se siente al principio de su relación - ¿encontraron maravilloso todo lo que hiciste? Si eso empieza a cambiar, puedes dudar de ti mismo. ¿Qué estás haciendo mal? ¿Cómo puedes arreglarlo, para que vuelva a ser como al principio?

¡Deje de pensar así! El problema no es usted.

5. No puede discutir con ellos.

Con las personas normales, discutir puede no ser agradable, pero con un poco de toma y daca, puedes aceptar estar en desacuerdo o pasar a otros temas.

¡No es así con un narcisista! Simplemente son incapaces de comprometerse o de reconocer que están equivocados. Lograr que se echen para atrás es aún más difícil, y nunca, jamás se disculpan. ¿Por qué lo harían? Hacer eso sería admitir que no son perfectos, y para el narcisista eso es imposible de contemplar.

6. Si no está de acuerdo, usted es el problema.

Parte de la incapacidad del narcisista para admitir que ha cruzado una línea o que ha hecho algo malo (lo cual hacen con frecuencia) es que, si no está de acuerdo con ellos, no solo se encontrará con una negativa categórica a reconocer su error. En vez de eso, se encontrará en el mal camino y será atacado. Aquí hay un ejemplo:

Usted: Realmente sentí cuando salimos esta noche que fuiste muy grosero conmigo delante de mis amigos, y eso me hizo sentir mal.

El Narcisista: No sé de qué estás hablando. Eso no es verdad. ¿Por qué estás así todo el tiempo, tan enfadado e hipersensible?

¿Ve la diferencia? Una persona normal escucharía, reflexionaría sobre su comportamiento y se disculparía. Un narcisista no solo rechazará lo que estás diciendo, sino que irá más allá y se dará cuenta de que eres tú el que tiene problemas emocionales.

7. No tienen ningún amigo cercano.

Un narcisista puede tener muchas personas a su alrededor que los admiran, bromean con ellos en los medios de comunicación social y como sus numerosas selecciones en Instagram. ¿Pero tienen viejos amigos de la escuela? ¿Personas que han estado en su vida durante mucho tiempo? ¿O es todo superficial?

Los narcisistas tienden a quemar muchos puentes, así que si conoces a alguien y parece que no tiene amigos, toma nota. Puede ser que traten tan mal a todos que no puedan mantener relaciones largas.

8. Todos sus ex están locos
Como regla general, si oyes esto, corre una milla. A menudo, el ex puede haber sido un poco loco por el comportamiento del narcisista, pero desde entonces se ha recuperado y ha seguido adelante. Si alguien parece obsesionado con hablar de su ex y su locura, es una gran alarma roja, y usted debe escuchar. O serás el próximo loco.

También tenga cuidado con la persona que pone toda la culpa en una relación fallida con el ex. Por lo general, una relación fracasa debido a problemas o diferencias compartidos. Es raro que una persona sea mala y que la otra sea inocente. Si así es como un ex está siendo presentado, usted puede estar en presencia de un narcisista.

9. De repente son más agradables cuando se aleja
Los narcisistas son vampiros emocionales. No les importas como persona, pero sí les importa mucho tener acceso a tu tiempo, dinero, presencia y energía.

Si alguien lo trata mal o de repente muestra su verdadero yo, es natural que te alejes. La otra parte puede notar y disculparse, tal vez, y ambos seguirán adelante. Con un narcisista, sin embargo, son incapaces de disculparse y reflexionar.

Lo que harán, sin embargo, es atraerlo de vuelta con amabilidad, atención extra y encanto. Usted sabrá en el fondo que está siendo engañado, pero también acogerá con agrado el comportamiento más razonable, se sentirá aliviado y tratará de superarlo. Y así el ciclo comenzará de nuevo.

10. Discutirán cuando los dejes.
Las relaciones terminan, y a veces es difícil salir en buenos términos. Pero si una relación ha seguido su curso, se puede hacer, particularmente si ambas partes están comprometidas a ser amables y a seguir adelante con sus propias vidas. Sin embargo, trate de alejarse de un narcisista y esté preparado para mucha resistencia.

Es posible que se vea bombardeado con llamadas telefónicas, mensajes de texto e incluso que aparezcan en la puerta de su casa.

También enviarán "monos voladores", es decir, gente que cree en la versión narcisista de los hechos y que será convencida por el narcisista para que te llame y te provoque sentimientos de culpabilidad y la obligación de darle otra oportunidad al narcisista. Incluso si ya no quieren estar contigo, te mantendrán colgado porque no quieren verte con nadie más.

A veces la gente decide que es más fácil rendirse por el bien de una vida pacífica - particularmente si otras personas están siendo atraídas por el drama - y así el ciclo comienza de nuevo. Una vez que los haya devuelto, puede estar seguro de que el ciclo de indiferencia y maldad comenzará nuevamente. Pronto, probablemente te encuentres castigado en algún momento por intentar liberarte.

11. Se sientes mal con usted mismo cuando está cerca de ellos.
Se ha dicho que puede que olvide lo que alguien te dijo, pero nunca olvidará cómo lo hicieron sentir. Si alguien lo hace sentir exhausto, agotado, irritable, deprimido o inseguro, tome nota. Estos nunca son buenos signos en una relación.

Un narcisista genuino también puede hacer que te sientas asustado - en su lenguaje corporal y en la energía que están emitiendo. Mientras que sus palabras pueden estar transmitiendo una cosa, su presencia física y sus ojos pueden estar diciendo algo muy diferente.

Siempre vale la pena escuchar su instinto en estas situaciones y tomar nota de sus reacciones corporales, así como de sus pensamientos más lógicos: son igualmente importantes y, a menudo, su instinto es perfecto.

Relación Narcisista

Si nota que se siente ansioso o con los nervios de punta alrededor de alguien, puede que no sea un narcisista, pero aun así necesitas reconocer esos sentimientos y establecer los límites apropiados, incluso desconectarte con elegancia. Usted no necesita tener un gran enfrentamiento - a veces, simplemente bajar el volumen de una relación es todo lo que necesita hacer para protegerse.

Tácticas de manipulación peligrosas utilizadas por narcisistas

Los narcisistas tienen una serie de tácticas que utilizan regularmente para atraerte a su mundo y mantenerte allí. Lo que es diferente de las relaciones ordinarias es que siempre hay un elemento de control con un narcisista.

Mientras que en una relación típica hay concesiones mutuas, y una construcción gradual de intimidad y confianza, con un narcisista todo se desarrolla de una manera que te deja emocionalmente vulnerable, debilitado y en una verdadera desventaja. Busque estas tácticas en su relación y vea si nota algo familiar - si lo hace, es posible que necesite salir de su situación actual.

1. **Refuerzo intermitente**

Esto es cuando alguien lo trata bien, pero solo *a veces*. Usted puede tolerar todo tipo de comportamiento desaliñado -llegar tarde, mostrar poco interés en su vida, comentarios sarcásticos e intimidación- y luego, de vez en cuando, le sorprende lo amable, cariñoso y comprensivo que puede ser.

Esto tiene un efecto notable en su estado mental. Se sentirá silenciosamente socavado por ellos, por sus comentarios y su comportamiento. Comenzará a cuestionar cada uno de sus movimientos y a caminar sobre cáscaras de huevo alrededor de ellos para evitar más críticas. Usted puede incluso encontrarse constantemente pensando en maneras de complacerlos.

Sin embargo, después de un tiempo, es posible que de repente sienta que ya ha tenido suficiente. Nada de lo que haces parece complacerles. Usted pasa tiempo con otras personas y se da cuenta de lo extraño que es su comportamiento en comparación. Empiezas a preguntarte si tal vez sería mejor que te distanciaras un poco.

¡Bingo! En este punto, **el refuerzo intermitente se** activará. De repente le sorprenderá lo comprensivos, receptivos e increíblemente agradables que son. Justo cuando empiezas a relajarte y a pensar, *wow, son realmente adorables*, el mal comportamiento comenzará de nuevo. Esta es una herramienta muy inteligente, porque la gente está naturalmente conectada para volver por más cuando alguien la deja colgada.

Tratarlos mal, mantenerlos entusiasmados, desafortunadamente, funciona para muchos de nosotros. Otra palabra para esta táctica es **aspirar** - una vez que sepan que han ido demasiado lejos, empezarán a tratar de aspirarte de nuevo bajo su pulgar con una amabilidad inesperada y una charla dulce.

Pero esta no es manera de vivir y tiene un gran costo emocional. Si alguien es amable contigo, pero solo *a veces*, toma nota. No es un comportamiento saludable o normal, y te mereces mucho más. En las relaciones genuinas, las personas se tratan bien. Si no lo hacen, por alguna razón, lo reconocen y se disculpan. Si se encuentra siendo tratado mal por las personas cercanas a usted, hay un gran problema.

2. Luz de gas (Gaslighting)

Este término *gaslighting* deriva de la película de 1944, *Gaslight*. En ella, el marido abusivo manipula ingeniosamente a su esposa para que crea que se está volviendo loca al cambiar su entorno de todo tipo de maneras sutiles. En su casa, las luces de gas se oscurecen sin razón aparente, las cosas desaparecen, los cuadros desaparecen de las paredes. Nunca sabe si las cosas están cambiando a su alrededor o si todo está en su cabeza. Los narcisistas **gasean a** los que les rodean regularmente de todo tipo de maneras.

Los encendedores de gas te hacen dudar de tu propia cordura y te mantienen en un terreno inestable al decir mentiras descaradas que luego niegan, haciendo ver que tú eres el loco. Algunos ejemplos de iluminación de gas en una relación moderna podrían ser:

Ejemplo uno:

Su encendedor de gas le dice algo desagradable sobre usted - por ejemplo, que una vez le diste una bofetada en la cara - y cuando dices, *no, nunca hice eso*, dicen - *pero lo hiciste!*

Se pregunta si simplemente lo ha olvidado, o si realmente le dio una bofetada en la cara. Sabe que no está en su naturaleza golpear a alguien, pero parece tan seguro de que es verdad. ¿Quién tiene razón?

Ejemplo dos:

Su encendedor de gasolina dice que lo llevará a almorzar el fin de semana. Cuando lo menciona para acordar una hora, él dice, *no, nunca estuve de acuerdo con eso. Estoy ocupado todo el fin de semana.*

No quiere presionarlo, porque sabe lo molesto que puede llegar a estar si lo desafían, pero al mismo tiempo, lo esperabas con ansias. Y seguramente, si lo ofrecía, lo recordaría. En última instancia, es más fácil dejarlo ir, pero te deja sintiéndote extrañamente maltratado.

Ejemplo tres:

La iluminación a gas también puede tener lugar alrededor de los límites. Digamos que tu amigo te pregunta si puede quedarse contigo una semana. Cuando después de dos semanas no muestran signos de irse y usted los presiona para una fecha final definitiva, se ponen furiosos sobre lo irrazonable y poco acogedor que está siendo.

Te preguntas si estás siendo irrazonable. Después de todo, dijeron que solo vendrían por una semana, y ahora ya han pasado dos. ¿Seguro que es razonable preguntar eso? Pero parecen tan enfadados, así que tal vez sea grosero de tu parte. Tal vez estás siendo egoísta, como dicen. No, no lo es, y no lo eres. Te estás quedando sin aliento.

Es importante señalar aquí que la gente puede olvidar lo que dijo o ser vaga por otras razones perfectamente inofensivas. Pero ten cuidado si empiezas a notar un patrón - lo que se dice parece cambiar constantemente, o no recuerdas haber dicho o hecho ciertas cosas de las que te acusan, o sientes como si te estuvieran manipulando de alguna manera.

Gaslighting es increíblemente difícil de decir porque es el trabajo de la gente que se propone engañarte deliberadamente, no el trabajo de seres humanos justos y razonables. En realidad, lo mejor que puedes hacer si te das cuenta de que la luz de gas es irte - nunca ganarás con alguien que se niega a jugar limpio.

3. Proyección

Cualquier cosa que a un narcisista no le guste de sí mismo, se proyectará en usted y en los demás. Así que mientras que los narcisistas son algunas de las personas más egoístas que puedas conocer, también son los primeros en acusar a otros de ser egoístas. Pueden ser personas en su círculo, o pueden ser políticos o figuras públicas.

Por ejemplo, una mujer narcisista puede hacer comentarios frecuentes acerca de que "todos los hombres son un poco estúpidos", pero es la primera en gritar sexismo si un hombre no los llena de admiración y atención indivisa.

También lo acusarán de ser un mentiroso si los llama por sus propias mentiras. Nunca jamás oirá una admisión de culpabilidad. Todo lo que oirá es una negación categórica, seguida de una declaración de que los está atacando injustamente con *tus* mentiras.

Los narcisistas no pueden reflexionar sobre su comportamiento y admitir que están equivocados. Mucho más fácil echarte la culpa y la vergüenza de asistir, y verse a sí mismos como la parte herida.

4. Conversaciones sin sentido

Con la mayoría de las personas, si usted tiene un asunto que le gustaría discutir con ellos -quizás para tratarle a usted o a su relación- usted esperaría que ellos lo escucharan, reflexionaran y respondieran apropiadamente. ¡No así el narcisista! (¿Ve ya un patrón?)

Una de sus tácticas más exasperantes es bañarte con **ensalada de palabras** cuando intentas conversar con ellos sobre algún aspecto de su comportamiento que te resulta difícil. Prepárese para ser bombardeado con observaciones extrañas, anécdotas no relacionadas y oraciones extrañamente redactadas que no tienen mucho sentido. Dejará la conversación pensando: "¿Qué acaba de pasar?" mientras el narcisista sigue su camino alegre, sabiendo muy bien lo que ha hecho.

Si los confronta, se encontrará con una negación rotunda. Y, muy probablemente, otro generoso servicio de ensalada de palabras. Entonces, realmente, no tiene sentido entrar en ningún tipo de desacuerdo con un narcisista. Es como tratar de discutir con un niño pequeño: no llegas a ninguna parte.

Otra cosa para tener en cuenta aquí es que los narcisistas disfrutan de la confrontación y la discusión. Los dispara para ganar y dejar que te sientas como el malo. Entonces, lo mejor que puede hacer es evitar discutir con ellos, y más adelante, aprenderemos algunas tácticas para hacerlo.

5. Amenazas vagas o abiertas

Los narcisistas tienden a ser posesivos y celosos, pero no siempre salen y admiten que se sienten así. En lugar de eso, usted recibirá una vaga sensación de malestar si hace algo que ellos no aprueban:

enfurruñarse, un tono de enojo o una rabieta acompañada de amenazas.

Cosas que usted esperaría que sus amigos celebren - un nuevo trabajo, algunas noticias personales emocionantes - los dejarán sintiéndose inadecuados y abandonados. No les gusta el éxito de los demás, ya que atrae la atención de los demás, por lo que encontrarán todo tipo de formas de hacer estallar el globo.

Si siente que tiene que caminar sobre cáscaras de huevo alrededor de alguien por miedo a su enojo, o si deja de hacer cosas que normalmente disfrutaría, como salir con sus amigos porque le preocupa que pueda meterse en problemas, tome Nota. Este no es un comportamiento normal o justo, y refleja el deseo infantil del narcisista de que siempre te concentres en ellos, y no en otras cosas o personas que te hagan feliz.

Sí, es una pena que reaccionen tan mal, especialmente si el narcisista es un miembro de la familia, por ejemplo. Pero no cambiarán, así que lo mejor que puedes hacer es compartir tus buenas noticias solo con aquellos que sabes que querrán celebrar contigo. Ignora cualquier amenaza y grita cualquier enfurruñamiento - no necesitas aguantarlo.

6. Cautivar, avergonzar, insultar y maldecir

Todas estas tácticas son utilizadas por los narcisistas, a menudo de maneras sutiles que te dejan preguntándote si eres hipersensible o simplemente imaginando cosas. A los narcisistas les encanta **acosar**, lo que significa decir algo con la intención de golpear tus puntos débiles o provocar ira. Muerdes el anzuelo, y de repente estás siendo difícil y creando un drama de la nada.

Mientras que la mayoría de las personas, incluso si conocen tus puntos débiles (y todos los tenemos) se cuidan de pisarlos con cuidado, los narcisistas son todo lo contrario. Ellos aprenderán las cosas sobre las que usted se siente sensible y tendrán gran placer en hacer que usted se sienta peor acerca de ellas, todo para hacerse sentir más poderoso.

Insultar y **avergonzar** son el mismo tipo de tácticas - un narcisista descubrirá hábilmente tus puntos débiles o las cosas de las que te sientes cohibido, y luego usará este conocimiento para insultarte y avergonzarte más tarde. A menudo, esto puede ser en forma de chistes, de modo que, si usted se atreve a quejarse, se le dirá que no tiene sentido del humor, lo que añade un insulto a la lesión.

5 cosas que a todo narcisista le gusta decir

Los narcisistas tienen un libro de jugadas muy predecible, y debido a que sus tácticas son tan similares, a menudo aquí las mismas declaraciones de ellos una y otra vez.

1. "Eso no sucedió" y "Te lo estás imaginando"
Ambas son declaraciones clásicas de los narcisistas que sustentan gran parte de su iluminación de gas, como describí anteriormente. Si cuestiona algo que el narcisista ha dicho o hecho en el pasado, quizás a la luz de nueva información y porque contradice lo que está diciendo ahora, simplemente lo negarán. La negación es una de sus primeras defensas porque, a diferencia de la gente normal, no tienen reparos en mentir abiertamente para salvar su propio pellejo.

Si usted puede probar sin duda alguna que ellos hicieron algo, su defensa final será que usted se lo merecía, a menudo por razones espurias o no relacionadas (recuerde que ellos también usan **ensalada de palabras**).

2. "Estás loco"

Debido a que los narcisistas son incapaces de aceptar sus fallas y vulnerabilidades ordinarias, prepárate para que te digan que estás loco si te atreves a cuestionar su versión de los hechos. Puede que no lo digan directamente, pero es posible que te recuerden esa época en la que estabas muy deprimido, o que se refieran en términos generales a personas que están locas, pero de una manera que te hace sospechar que se están refiriendo a ti en particular.

3. "Eres hipersensible"

Si un narcisista va demasiado lejos en lo que dice o en cómo te trata, nunca esperes que se disculpe. Ellos son, a sus ojos, incapaces de equivocarse, por lo que una disculpa está por debajo de ellos.

Lo que oirá, sin embargo, es que eres demasiado sensible. O irrazonable. O que siempre has sido un poco frágil. O de nuevo, mencionarán algún otro momento en que usted mostró vulnerabilidad emocional, como una forma de recordarle que usted no es tan fuerte o capaz como ellos (aunque, por supuesto, mostrar vulnerabilidad no es débil, es un comportamiento humano normal).

4. "¡Era solo una broma! Estoy *bromeando.*"

Además de ser hipersensible, si te ofendes con una de las crueles púas del narcisista, prepárate para descubrir que no tienes "sentido del humor" o que "no puedes aceptar una broma".

Por supuesto, usted podría tomar represalias señalando que lo que dijeron no era realmente gracioso, era simplemente desagradable, intimidatorio o simplemente grosero, pero si lo hace, prepárese para un comportamiento más defensivo.

5. "En mi experiencia..."

O variaciones de lo anterior, pero esencialmente, si habla de algo que está sucediendo en su vida, tal vez un éxito profesional o una anécdota, el narcisista siempre podrá superarlo.

Si usted escribió un libro, ellos escribieron un best-sellers. Si usted tuvo un bebé, ellos tuvieron cinco. Esto se aplica no solo a los logros, sino también al drama. Si le robaron el bolso, ellos se enfrentaron a un ladrón de bancos y le salvaron la vida a alguien. Lo que está sucediendo aquí es que el narcisista es incapaz de soportar la atención que se desvía de ellos - quieren estar centrados en todo momento, quieren ser mejores, quieren ser el héroe en cada historia.

Es posible que no se dé cuenta al principio, por lo que habla un poco sobre usted y hace las preguntas correctas y escucha. Pero pronto aprenderá a guardar silencio sobre sus propios logros porque si habla, se le pondrá en su lugar con un monólogo de diez minutos sobre cómo lo hicieron mejor. Se hace más fácil quedarse callado y ahorrarse el aburrimiento de escuchar su jactancia (de nuevo).

5 desencadenantes de la furia narcisista

Entonces, ¿qué es la rabia narcisista? Piensa en ello como la versión adulta y mucho más aterradora de la rabieta de un niño pequeño. Aunque la mayoría de nosotros nos enojamos de vez en cuando, por lo general somos capaces de calmarnos, calmarnos y tomar medidas para manejar nuestro enojo sin atacar a otros o hacer daño permanente a nuestras relaciones.

La rabia de un narcisista, sin embargo, es algo completamente distinto. Estas personalidades simplemente detestan ser regañadas o desafiadas. Ser confrontado o desencadenado por sus defectos no es agradable para nadie, pero es insoportable para ellos, y te encontrarás con una furia tan furiosa que puedes sentirte agredido físicamente. Lo ideal, según el narcisista, es que aprendas la lección y no la vuelvas a hacer.

O se encontrará con un silencio helado y un tranquilo y pasivo humo agresivo. Lo que no obtendrá es una explicación clara de lo que está sucediendo o un camino a seguir.

Entonces, ¿qué es lo que incita a la rabia narcisista? Esencialmente, cualquier cosa que amenace su visión de sí mismos como seres humanos perfectos, exitosos y extraordinariamente especiales.

Aquí hay algunas maneras seguras de averiguar cuán enojado se puede enojar un narcisista:

1. Los confrontas por su comportamiento

Si llama a un narcisista por su comportamiento, prepárese para sufrir. Incluso si da a conocer sus sentimientos de una manera constructiva y diplomática, has roto la regla tácita de que el narcisista nunca se equivoca.

Esté preparado para la negación, la rabia, la proyección y la culpa, pero tenga la seguridad de que nunca verá ninguna forma de reconocimiento de que usted tiene un punto, y tal vez la próxima vez podrían hacer las cosas de manera diferente. Si realmente tienes razón y no tienen una defensa razonable para su comportamiento, su táctica final es derrumbarse en un montón y llorar, para que te veas (y te sientas) como el malo.

2. Los ignoras

Si se da cuenta de que está en una relación con un narcisista y decide, por su propia salud mental, retroceder o quitarles algo de espacio, prepárese para ser desafiado. Por encima de todo, los narcisistas odian ser ignorados, y si pones límites razonables alrededor de su acceso a ti, espera que sean pisoteados.

A menudo, esto puede ser con alguien, tal vez un miembro de la familia o una pareja romántica deslucida, que típicamente muestra poco interés en su vida, no hace ningún esfuerzo por estar cerca de usted, y hace comentarios desagradables o críticas a sus elecciones de vida.

Pero si se retira o empieza a evitarlos, eso cambiará. Espere ser bombardeado con llamadas telefónicas, correos electrónicos e incluso visitas no anunciadas a su casa. Esto se debe a que nunca se le permite tomar las decisiones con un narcisista, y siempre debe hacer de ellos el centro de atención.

Y aunque no les gusta estar rodeados de gente en el sentido normal, también necesitan que les des un **suministro narcisista**, que, como ya hemos comentado, es esencialmente tu atención y energía. Si intentas quitárselos, responden como adictos que se ven privados de lo que necesitan. Eventualmente, se darán por vencidos y pasarán a otra persona. Pero antes de que eso ocurra, ¡prepárate para una pelea!

3. Se ríe de ellos

Una cosa que los narcisistas valoran por encima de todo es su imagen pública como alguien especial, inteligente y de alto estatus. Mientras que la mayoría de la gente es capaz de despreciarse a sí misma o de reírse de sí misma de vez en cuando, esto es imposible para un narcisista. Esto se debe a que toca su profunda vergüenza e inseguridad oculta como alguien que es ordinario, a veces asustado, y no particularmente especial o talentoso. Ríete de ellos y prepárate para enfrentarte con una fría furia.

4. No reciben un trato especial

Los narcisistas a menudo tienen a la gente a su alrededor muy bien entrenada para tratarlos como si fueran especiales y únicos. Pero a menudo, cuando se enfrentan a extraños, las cosas no salen como les gustaría. Pueden exigir un trato especial al personal de la tienda o sentarse en primera clase cuando tienen un billete de tercera clase.

Cuando esto sucede, el desconocido desprevenido pronto descubrirá cuán "especial" es el narcisista y se encontrará en el lado receptor del abuso verbal o simplemente más demandas de atención que el narcisista realmente necesita o quiere - solo quiere hacer que esa persona le preste atención. Son el tipo de personas que hacen quejas incoherentes a los departamentos de servicio al cliente, a las empresas de mala fama con revisiones injustas y que se quejan de un servicio al cliente deficiente en lugar de encogerse de hombros y llevar su negocio a otra parte.

En las relaciones personales, también puedes esperar ver rabia narcisista si te retiras o te niegas a prestar atención especial al narcisista.

5. Usted es el centro de atención

Digamos que es su cumpleaños y quiere celebrarlo con una comida o un pastel de cumpleaños. Mientras que la mayoría de la gente está feliz de dejar que la niña o el niño del cumpleaños sea el centro de atención por un día, los narcisistas encuentran esto insoportable. Prepárese para demandas adicionales, enfurruñarse, una rabieta inexplicable o comentarios sarcásticos - porque, por supuesto, todo se trata de ellos.

Otra característica extraña y notable de los narcisistas es que generalmente son muy malos dadores de regalos. Salir, elegir algo que a alguien le encantaría, envolverlo y presentárselo no es algo que los narcisistas vean como algo que valga la pena hacer. Por supuesto, esto por sí solo no significa que alguien sea un narcisista, pero es un rasgo bastante común que vale la pena mencionar.

¿Cuál es el impacto del narcisista en usted?

Esta es una pregunta interesante que vale la pena hacerse. Seguramente, la gente puede ser difícil. ¿Vale la pena interrumpir un matrimonio o una relación romántica o cortar el contacto regular con uno de los padres porque es un narcisista? ¿No es mejor, por el bien de la paz, simplemente soportarlos? Romper familias, dejar atrás a los padres, dejar a tu novio o novia - todas estas son grandes decisiones que hay que tomar con consecuencias que cambian la vida.

¿Es mejor que se quede quieto y se calle?

La respuesta es no. La respuesta es no. El narcisista siempre hará que crea que debe soportarlo, que en realidad no lo dicen en serio, que las cosas serán diferentes en el futuro. Pero no lo harán.

Y cada vez que lo soporta, cada vez que se muerde la lengua y trata de superar los sentimientos de dolor y decepción por una vida más fácil, está haciendo dos cosas:

Está afectando su futuro: su felicidad futura, sus metas y aspiraciones futuras, sus hijos y nietos. Cada vez que permite que el narcisista lo golpee con palabras desagradables y abusos, dejas que él o ella le roben una vida más feliz, más pacífica y productiva.

También está afectando su propia salud y bienestar en este momento. Por supuesto, solo quiere que el comportamiento se detenga, que las cosas vuelvan a la normalidad. La manera más fácil de lograrlo es dejar que gane el narcisista. Pero juega el juego largo. Usted no puede ver el impacto del estrés y el abuso a largo plazo y de bajo nivel en su salud mental, pero asegúrese de que está teniendo un impacto. Tienes la opción de cambiar las cosas. Y te mereces algo mucho mejor.

Siga leyendo para descubrir cómo puede elegir mejor para usted.

Capítulo 3 - Cuando es suficiente es suficiente

Así que, si ha leído hasta aquí, puede que se haya dado cuenta de que tiene un narcisista en su vida. La pregunta para usted ahora es, ¿qué va a hacer al respecto?

Puede que no sea práctico romper completamente los lazos con ellos -quizás usted trabaja con ellos, o son un miembro de la familia y la caída será demasiado grande si usted los corta completamente- pero lo que necesita hacer ahora es poner el pie en el suelo. Necesita cambiar la forma en que trata con ellos y prepararse para el retroceso. Necesitas algunas estrategias a tu alcance, y necesitas creer en ti mismo lo suficiente para llevarlas a cabo. Sobre todo, necesitas curarte, practicar el autocuidado y asegurarte de que pones buenos límites para que estés a salvo de cualquier daño en el futuro.

También aprenderá sobre el contrato de conexión y cómo éste puede ayudarle a satisfacer sus propias necesidades. Es posible que descubras, en última instancia, que éste es el primer paso para liberarte completamente de un narcisista.

Sigue leyendo para descubrir cómo tratar con un narcisista y protegerte mientras aún están en su vida.

5 consejos esenciales para tratar con un narcisista de la manera correcta

Antes de ir mucho más lejos, vale la pena aprender los cinco consejos esenciales que puedes tener en cuenta al tratar con narcisistas. Recuerde, usted está tratando con alguien que no tiene una personalidad ordinaria. No siguen las reglas normales de la interacción humana, por lo que también hay que tratarlos de manera diferente. Lo más importante es que usted necesita protegerse a sí mismo del daño a medida que se pone a separarse. Aquí está el cómo:

1. Manténgase callado y siga adelante

Si está trabajando con un narcisista, por ejemplo, puede sentir que es el único que notó cuán superficial es realmente su encanto. Incluso puede ser tentador confrontarlos o expulsarlos a otros.

No lo haga. Espere su tiempo, mantenga la guardia alrededor de ellos, no comparta ningún secreto y permanezca agradable y solo un poco distante. Con el tiempo, la máscara del narcisista comienza a resbalar y ellos se revelarán a los demás. En este punto, usted puede observar desde una distancia segura. Pero no puedes forzar este proceso sin ponerte en peligro.

Si intenta hacer que esto suceda más rápido, corre el riesgo de incitar su ira narcisista y hacer que se vuelvan contra usted, y desea evitarlo a toda costa para su propio bienestar.

Recuerde, los narcisistas no juegan limpio, y odian ser confrontados con sus propios defectos. Es un juego que no ganarás a menos que te rebajes a su nivel, y quién quiere hacerlo, así que simplemente te niegas a jugar. Estarás en camino a escapar, y mientras más tiempo el narcisista permanezca inconsciente de tus planes, más suave será tu salida. Manténgase callado, elabore su plan de escape y trabaje en su propio bienestar - que cubriremos en capítulos futuros.

2. Desconéctese

En última instancia, lo que un narcisista quiere es atención. Como un niño pequeño, si no están recibiendo atención positiva, pronto pasarán a comportarse mal. Sin embargo, si usted se niega sistemáticamente a participar en sus juegos, ellos simplemente pasarán a otra persona que esté más dispuesta a morder el anzuelo.

Si ve a un narcisista, tome las cosas con calma y, si se demuestra que tiene razón, sea lo más aburrido posible cuando hable con él. Esta es una excelente manera de protegerse y, con suerte, ver su parte posterior también.

En algunas situaciones, puede que no quieras ser aburrido. Por ejemplo, en tu vida profesional, puedes querer brillar y si tu narcisista está en el mismo campo, es posible que tengas que lidiar con algunos celos. Simplemente concéntrese en hacer su propio trabajo lo mejor que pueda, nunca muerda, y sea educado y profesional en todo momento.

En las relaciones personales, empiece a retroceder un poco, gradualmente. Deje de morder el anzuelo en las discusiones, deje de esperar que cambien, mantenga conversaciones livianas.

Relación Narcisista

3. Trabaje sus límites y déjelos claros

Esto es algo que usted puede necesitar hacer si se ha dado cuenta de que está en una relación con un narcisista. Estas personalidades constantemente empujan los límites en todo tipo de formas - imponiendo en su tiempo, su energía, su privacidad y su vida personal. Sin embargo, una vez que usted reconozca esto, estará en una posición más fuerte para establecer y mantener límites alrededor de lo que es importante para usted.

Por ejemplo, digamos que un pariente constantemente hace comentarios negativos o menospreciativos sobre su carrera. Sabiendo esto, tenga algunas frases preparadas para cuando llegue el siguiente comentario: "Hmm, estoy muy contento con cómo va mi trabajo. No siempre es un camino fácil, pero siento que estoy progresando". Entréguelos ligeramente, sin ningún tipo de calor, y sepa que acaba de tomar la decisión de defenderse, lo que fortalece su posición y debilita la del narcisista.

Y luego cambie el tema, o póngalo de nuevo sobre ellos y pregúnteles cómo va su trabajo.

O tal vez el narcisista trata de llevarte a una conversación sobre cómo va su vida, y siente que está investigando. Ten en cuenta que a los narcisistas les gusta aprender tus puntos débiles para que puedan revelárselos a los demás o provocarte con ellos en una fecha posterior.

En este caso, una vez más, mantente amigable y neutral mientras no das nada que no quieras - recuerda, solo porque alguien te haya hecho una pregunta personal no significa que tengas que responderla. A veces, simplemente respondiendo con "¿Qué quieres decir?" o "¿Por qué preguntas?

4. No espere un comportamiento justo o razonable

Los narcisistas son jugadores crónicos. Pero también tienden a tener métodos predecibles de ataque e intentarán lo mismo una y otra vez si ven que se les levanta. Sea impredecible en la respuesta, y trabaje en sus propias estrategias, que pueden ser tan simples como el rechazo.

Si hacen un comentario desagradable, simplemente se niegan a aceptarlo. Diga suavemente: "No. Eso no es verdad".

Nunca espere que sean justos o amables, y tenga su guardia lista para recuperarse. Incluso una larga pausa seguida de "¿Qué quieres decir?

Déjelos sintiéndose un poco inseguros acerca de si usted es sabio con ellos o no. Nunca jugarán limpio, así que no sienta que tiene que ser completamente justo en respuesta - juegue con ellos en su propio juego, pero de manera inocente.

Otra buena táctica aquí, si tienes que trabajar con un narcisista, tal vez, o ver a uno en una reunión familiar, es prepararte de antemano. Duerma bien por la noche, coma bien, haga algo de ejercicio y aprenda algunas técnicas sencillas de respiración que le ayudarán a permanecer calmado y alegre en el momento. Los narcisistas tienden a aprovecharse de los débiles, así que mantenerse fuerte y saludable es una buena manera de defenderse de ellos. Veremos esto más adelante.

5. Acéptelos

Esto es algo difícil de hacer, particularmente si estás muy apegado a tu narcisista - si, tal vez, ellos son tu pareja romántica, tu amigo íntimo o tu padre. Pero si puedes aceptar que son narcisistas, que no pueden cambiar y que nunca conseguirás nada diferente de ellos, tu vida será más fácil. Parte de la frustración de este tipo de personalidad es que a veces pueden ser tan amables. Sabes que lo tienen en ellos, así que ¿por qué no pueden ser así todo el tiempo?

No tiene importancia. No pueden. A menudo, no tienen ningún incentivo para cambiar. Después de todo, la vida de un narcisista es a menudo superficialmente muy agradable, especialmente con unos cuantos monos entrenados bailando a su alrededor. Sí, tienen sus demonios, pero los mantienen bien enterrados, por lo que en su mayoría están bastante contentos.

Aceptar que su narcisista no cambiará es el primer paso para avanzar con su propia vida, libre de su influencia negativa. Es posible que no pueda deshacerse de ellos por completo si son miembros de su familia, pero descubrirá que pasan mucho menos tiempo debajo de su piel de lo que están acostumbrados.

Si está en una relación romántica con un narcisista, renunciar a sus expectativas de que cambiarán es el primer paso para liberarse, y seguir adelante sin ellos, o aceptarlos por lo que son y encontrar otras formas de satisfacer sus necesidades. Te mereces algo mejor, después de todo.

5 frases para desarmar instantáneamente a un narcisista

1. **"Estoy de acuerdo. "o "Tienes toda la razón."**

Si está en una situación de trabajo o celebración familiar, es mucho más fácil simplemente acompañar al narcisista. De acuerdo con lo que digan, sonríe dulcemente y sé un poco aburrido para que rápidamente pasen a otra persona para más drama.

Desafiar a un narcisista nunca vale la pena, ya que terminará sintiéndose atacado e indigno si lo hace - no pueden tolerarlo, y si lo intenta, pronto se dará cuenta de lo difícil que es para ellos. Lo que, es más, ellos buscarán ganar la discusión a cualquier costo, y usted terminará sintiéndose atacado. Es mucho mejor sonreír dulcemente y pasar a otras cosas, como hacer algo que te haga sentir bien.

2. **"¿Qué pensará la gente?"**

Una cosa que el narcisista valora de todo lo demás es su imagen. Si quieres que hagan algo por ti o que se comporten, asegúrate de recordarles que su comportamiento será visible para los demás.

Una de las maneras de hacer esto es invitando a otras personas a una situación. Digamos que estás discutiendo con ellos. Diga: "Mira, creo que tendré una charla con fulano y veré qué piensan" o "¿Deberíamos llevar a papá a la habitación también para que podamos hablar de esto juntos?" Ellos cambiarán rápidamente su tono si se dan cuenta de que usted está preparado para hacer que otros tomen conciencia de su comportamiento y no para mantenerlo en secreto.

3. "Lamento que te sientas así."

Esta es una gran manera de desactivar una discusión con un narcisista. Pone sus sentimientos firmemente de vuelta sobre ellos y es lo suficientemente neutral como para desalentar nuevos ataques. Usted no se está disculpando ni asumiendo la culpa, pero está reconociendo que es difícil para ellos ser desafiados.

4. "Puedo vivir con tu defectuosa percepción de mí"

Nuevamente, esto está devolviendo los sentimientos y opiniones del narcisista. Supongamos que ha establecido un límite claro con un narcisista con el que no está contento. Ahora, te están atacando y diciendo que estás siendo difícil e incómodo y que debes ceder ante ellos.

En lugar de decir: "No, no lo soy" y ponerse a la defensiva, afirmando tranquilamente que se puede aceptar su opinión errónea, se hacen dos cosas: Les dice que están equivocados, pero usted no se molestará en tratar de corregirlos. En vez de eso, vas a aceptar que están equivocados y seguir adelante. Los deja sin lugar a donde ir porque no estás tomando su actitud negativa hacia ti.

Esencialmente, está diciendo que no tiene ningún interés en controlar sus pensamientos, aunque no esté de acuerdo con ellos o no los acepte de ninguna manera - lo cual es una actitud saludable para tomar hacia cualquiera, realmente.

5. "Tu ira no es mi responsabilidad."

Una vez más, usted está poniendo su comportamiento de nuevo en ellos. Esto puede hacerlos absolutamente furiosos - los narcisistas tienden a odiar cualquier forma de charla de autoayuda o lo que ellos ven como una tontería de la nueva era. Simplemente repíteselo, más de una vez si es necesario, y aléjate de ellos si puedes. Pronto se aburrirán y seguirán adelante.

Cómo protegerse de un narcisista

Protegerse de un narcisista no es fácil, pero hay algunas tácticas que puede probar. Si aún no está listo para dejar una relación con un narcisista, puede considerar la posibilidad de formar un **contrato de conexión** con ellos para obtener lo que quieres de la relación.

¿Qué es un contrato de conexión?

En pocas palabras, un contrato de conexión es un acuerdo escrito en el que se establece la línea de base de cómo desea que lo traten. Si el narcisista rompe este contrato, ya no tiene derecho a disfrutar de una conexión con usted. Si usted está en una relación con un narcisista, puede leer algo como esto:

"No quiero escuchar los insultos ni que me griten o critiquen injustamente. Si eres incapaz de hacer esto, me iré".

Para un padre narcisista que desea visitarte, podría ser más bien esto:

"Puedes quedarte en mi casa por tres noches, pero mientras estés aquí debes comprometerte positivamente con mis hijos, y no gritarme ni a mí ni a nadie más que viva aquí. Tampoco quiero darle dinero - usted necesita manejar sus propias finanzas y pagar sus propios gastos en todo momento. Si no está de acuerdo con estas

condiciones, tendrá que pagar un hotel y nos reuniremos para tomar un café".

Esencialmente, un contrato de conexión crea un conjunto de pautas claras y neutrales sobre lo que se tolerará y lo que no se tolerará. Si el narcisista rompe esto, no necesitas enfadarte o discutir, simplemente señalas que han roto el contrato y por lo tanto ya no son bienvenidos en tu presencia.

Sí, es duro y contundente, pero te quita la presión de estar constantemente preguntándote qué es aceptable y qué no lo es. Con un contrato de conexión, todo el mundo sabe cuáles son las reglas, y si el narcisista las rompe (y lo más probable es que lo haga), puedes señalar el contrato y mantener la calma.

¿Cuándo es apropiado utilizar un contrato de conexión?

Un contrato de conexión puede ser útil cuando ya ha tenido varias explosiones y confrontaciones con un narcisista, y sabe que no está contento con su comportamiento, pero no está dispuesto a cambiar o reconocer que ha hecho algo malo.

Esencialmente, se hace cargo de la discusión y establece lo que no ves como aceptable. Es posible que lo lean y quieran volver a discutir, en cuyo caso simplemente puede decir que no quiere seguir discutiendo, solo quiere ir con lo que está escrito.

Es una manera final de tratar de conseguir que un narcisista se comporte, y aunque puede no tener éxito, al menos demuestra que se trata de un negocio serio.

Capítulo 4 - Corte de la cuerda

Por qué es tan difícil romper con un narcisista

Supongamos que ha leído hasta aquí y se ha dado cuenta de que está en una relación que es tóxica para su propio bienestar y que necesita salir. Puede ser alguien con quien haya tenido una relación romántica, o puede ser un miembro de la familia o un amigo cercano del que debe alejarse. Cualquiera sea la situación, debe seguir algunas estrategias confiables para protegerse mientras realiza este proceso.

Una cosa que debe tener en cuenta al hacer planes es que salir de una relación con un narcisista **no es como romper con la mayoría de las personas**. No les gusta y te lo pondrán extremadamente difícil.

Si te has enamorado de un narcisista, te verás envuelto en lo que los psicólogos llaman un vínculo traumático. Como humanos, estamos conectados para sentirnos cerca de los demás. Así que la táctica narcisista de los bombardeos amorosos al comienzo de una relación, o cuando empezamos a retroceder, naturalmente te hará sentir más cerca de ellos.

Pero eventualmente, un narcisista se volverá contra ti, lenta pero seguramente. Se sentirá confundido e inseguro porque nunca sabes dónde estás parado. Esta incertidumbre lo hace menos seguro y más fácil de manipular - todas las tácticas que el narcisista empleará sin conciencia para obtener la ventaja en la relación. Se sentirá confundido porque te has unido a ellos en uno de sus momentos más agradables y ahora estás viendo un lado diferente de ellos.

Puede saber que la relación es mala para usted y que esta persona lo hace infeliz o temeroso, pero de alguna manera ha perdido el coraje de cuidarse e irse. También estás dudando de ti mismo: después de todo, ¿parecías hacerlos tan felices al principio? Seguramente para que las cosas cambien, debes haber hecho algo mal, y si pudieras resolver lo que fue, ¿volverás a las cosas como estaban? Y de vez en cuando son absolutamente encantadores, lo que te mantiene esperando.

Los narcisistas también son muy buenos aislando a sus víctimas, así que puede que sientas que no tienes a nadie a quien recurrir. Esto no es verdad. Lo más probable es que haya viejos amigos o familiares que te abrazarán si les dices la verdad sobre tu relación con esta persona. Puede que ya sean conscientes de los problemas y estén esperando a que usted hable. El hecho es que las relaciones no deberían ser tan difíciles.

Entonces, ¿cómo llegaste a este estado? Bueno, eres humano. Sucede. Algunos de nosotros somos más vulnerables que otros a los encantos del narcisista, y eso es algo en lo que puede que necesites pensar en el futuro - miraremos las banderas rojas para futuras relaciones al final del libro. Pero esencialmente, los narcisistas son muy buenos en lo que hacen, y en crear un vínculo traumático.

El vínculo traumático funciona de manera un poco diferente dependiendo de si se trata de una relación a largo plazo, como con un padre, o con una nueva pareja romántica.

Con las relaciones a largo plazo, es más bien un ciclo constante entre el comportamiento amoroso y el abuso que puede durar años y que se establece en la infancia.

Con las relaciones románticas, tiende a ser que las cosas empiezan bien y se deterioran. O se sale a la primera señal de problemas, o se mete en un ciclo abusivo que puede durar años, si lo permite.

Las 7 etapas de la vinculación del trauma

1. **Bombardeo de amor**
   Eres perfecto y no puedes hacer nada malo, y eres conquistado por su encanto y atención. Son halagadores, amables, afectuosos y parecen estar completamente enamorados de usted. Por supuesto, siendo humano, disfrutas de esto. Pero por supuesto, con el narcisista, nunca durará.

2. **Confianza**
   Crees todo lo que dicen, y empiezas a confiar y creer en ellos. Mientras que puede haber una pequeña parte de ti que sabe que todo esto es demasiado bueno para ser verdad, también te atraen con pequeños actos de bondad e intimidad que te hacen creer y confiar en ellos. ¡Usted simplemente nunca ha conocido a alguien tan maravilloso antes, y parece que se siente de la misma manera!

3. **Comienza la crítica**

El bombardeo amoroso se desvanece, lentamente o a veces de forma muy abrupta, y el puntilloso y las críticas empiezan a escalar. De repente, no eres tan perfecto. Esta etapa puede ir acompañada de crecientes demandas de tiempo y energía, conflictos y un sentimiento de desesperación o confusión, a medida que te preguntas qué ha cambiado y cómo puedes volver a tener un terreno más firme.

4. **Gaslighting**
Esta nueva situación es culpa tuya. Si solo hicieras las cosas de manera diferente, o no fueras tan loco o irracional, todo estaría bien. Empiezas a dudar de ti mismo, en parte porque parecen tan convincentes. No han hecho nada malo. Todo está en tu cabeza.

5. **Control**
Aceptas lo que ellos quieren porque empiezas a creer que estás equivocado y esta es la única manera de volver a sus buenos libros.

6. **La resignación y el aumento de la desesperación:**
Las cosas parecen estar empeorando. Si tratas de defenderte, te encuentras con más abuso. Te sientes solo, triste y aislado.

7. **Eres adicto**
Sabes que esta persona es mala para ti, pero de alguna manera sigues volviendo por más, y todo lo que quieres es recuperar su aprobación y ver su lado amable. Con un padre, esto se debe a que estamos naturalmente dispuestos a amar a nuestros padres, sin importar lo inadecuados que sean para el trabajo.

Con las relaciones románticas, a menudo es porque tenemos una visión de la relación y su futuro en nuestra cabeza, y sabemos que va a ser doloroso y solitario renunciar a ella y volver a buscarla de nuevo. Mucho más fácil de aguantar y esperar que las cosas cambien. Usted también está debilitado por su constante abuso de bajo nivel y no se siente lo suficientemente fuerte para salir.

Cómo romper con un narcisista para siempre

Romper con un narcisista no es un proceso fácil, pero vale la pena. Principalmente porque la relación nunca te va a dar lo que necesitas, a pesar de los ocasionales buenos días. Estás buscando algo que simplemente no existe. Dejar a esta persona atrás liberará espacio y energía en tu vida para cosas mejores, relaciones más saludables y mayor felicidad. Se le permite hacer eso - de hecho, ¡le estoy dando permiso ahora mismo! Pero ¿cómo lo haces? Siga leyendo para averiguarlo.

1. **Prepárese**
   Obtenga toda la información que pueda sobre los narcisistas. Estudie este libro y otros recursos, y sepa que está haciendo lo correcto para su propio bienestar.

2. **Distanciarse gradualmente**
   Estar un poco menos disponible y un poco más aburrido. Deje que piensen que se están aburriendo de usted, incluso, y vea si usted puede desconectarse lentamente en lugar de dejar que

se den cuenta de lo que está haciendo - lo cual puede incitar a la rabia narcisista.

3. **Reconectarse con los demás**.
   Esta es una gran manera de romper el control del narcisista sobre usted. Encuentre maneras de dejar que otros regresen a su vida, sin importar cuán bajo y aislado se sienta. Llame a un viejo amigo, vea algo que le interese, únase a un club. Sea lo que sea, salga de su aislamiento y rodearse de gente sana y comenzará a sentirse mejor.

4. **Piense en una excusa**
   Trate de no hacer la ruptura o el distanciamiento sobre ellos. Hable acerca de lo que es mejor para ambos y encuentre maneras de hacer que parezca más una idea de ellos que de usted. No los encienda, acuse o les diga sus faltas - esto es insoportable para ellos y solo hará más difícil salir.

5. **Haga una ruptura limpia**
   No lo alargue - una vez que hayas decidido irse, váyase rápido. Una vez que se haya ido, no vuelva a contactar con ellos. Manténganse fuertes y no se sientan tentados por los bombardeos de amor, que vendrán. A menudo, con un miembro de la familia, es imposible hacer una ruptura limpia sin una gran cantidad de interrupción dentro del círculo más amplio de miembros de la familia. En este caso, a menudo es más fácil simplemente alejarse o tener poco contacto, que es cuando mantienes el contacto al mínimo y te proteges con límites firmes.

Muchos hijos de narcisistas dirán que lo mejor que hicieron

fue poner distancia física entre ellos y su padre narcisista. Rompió la fuerte carga emocional y también les permitió sentirse realmente seguros y felices en un lugar sin recordatorios de dolor infantil.

6. **Esperar y planear represalias**
Hará que la gente lo llame, que se preocupe por usted, esos **monos voladores a** los que el narcisista es tan bueno llamando. Conseguirá que alguien más intente construir un puente. Recibirá llamadas telefónicas, visitas inesperadas, cartas con disculpas poco sinceras en su buzón de correo. Prepárese para todo esto y manténgase fuerte.

Finalmente, si permanece neutral y firme durante el tiempo suficiente, el narcisista se aburrirá y pasará a otra persona. Pero llevará tiempo. Mientras todo esto sucede, establezca algunos hábitos para protegerlo: duerma mucho, haga ejercicio y coma bien para ayudarlo a mantener la calma y concentrarse ante la indignación del narcisista. Cubriremos esto más adelante.

7. **Sea amable con usted mismo**
Una relación con un narcisista puede hacer que te sientas agotado. Usted puede esperar algunos sentimientos de pena y un sentido de pérdida, e incluso de fracaso. Todos estos son sentimientos normales y pasarán. Dese tiempo y espacio, obtenga asesoramiento si lo necesita, y tómelo con calma.

Llevar un diario a dónde vas para descargar tus sentimientos y también recordarte a ti mismo por qué estás haciendo lo que estás haciendo te mantendrá enfocado. Cuando el narcisista empieza a amar los bombardeos, lee tu diario para recordarte lo desagradables que son capaces de ser, sin importar lo deliciosos que sean en este momento. No cambiarán y no pueden cambiar, así que escapar es lo correcto. Recuérdate de esto cuando empieces a tambalearte.

Usando el método de la roca gris a su favor

Por encima de todo, a los narcisistas les encanta el drama. También son muy competitivos y envidiosos, así que, si tienes algo emocionante en tu vida, intentarán alimentarse de ello - y tratar de robar tu alegría en él. A los narcisistas les encanta soplar las velas del pastel de otra persona.

Entonces, ¿cómo lidias con esto? No pongas el pastel delante de ellos. El método de Gray Rock es una herramienta maravillosa para tratar con narcisistas. Va en contra de nuestros instintos normales, pero eso es lo que hay que hacer cuando se trata de este tipo de personalidad.

Entonces, ¿cómo funciona?

Imagínese una roca gris. Sin color, sin vida, sin nada que ver aquí. Y luego, simplemente, comportarse como tal. Es tan simple como eso. Este truco es esencialmente hacer que parezca tan aburrido, tan aburrido, que el narcisista no tiene nada de qué alimentarse y pronto (ojalá) pasará a otra persona.

Lo que los narcisistas quieren es tu energía. Si te sientes bien, ellos quieren quitarte eso. Si tienes alguna noticia emocionante, ellos quieren superarla. Si tienes algo doloroso en tu vida, ellos quieren acercarse y ver tu dolor. Son la verdadera definición de vampiros emocionales.

No les de nada más que una aburrida roca gris.

Cuando regresan a ti, buscando tesoros brillantes para robar, sigue sin darles nada. Responda a sus solicitudes de información con charlas aburridas. Nunca les digas lo que va bien en tu vida, porque ellos encontrarán la manera de arruinarlo para ti. Si investigan, diles que todo ha sido muy tranquilo. No hay noticias.

Gray Rock es una buena manera de salir del melodrama que es la vida del narcisista. Tendrán que ir a buscar su dosis a otra parte, y usted será libre de disfrutar de una existencia más pacífica.

Esto es difícil de hacer. Siempre habrá una parte de ti que quiera ganárselos, especialmente si son padres. Después de todo, ¿no se supone que deben estar felices por sus hijos? ¿No es eso normal?

Sí, es normal. Lo que tienes que recordar, sin embargo, es que no tienes que ser una buena persona para ser padre. De hecho, usted puede ser una persona muy desagradable y tener muchos hijos. Es un hecho triste de la vida que las personas más indignas pueden ser bendecidas con niños, pero no están emocionalmente equipadas para amarlos y cuidarlos.

Afortunadamente, este no es el caso para la mayoría de nosotros. Pero si sacaste la pajita más corta, es mejor aceptarla y buscar amor y aprobación en otro lugar que tratar de obtenerla de alguien que no la tiene, aunque sea tu madre o tu padre.

Con una pareja romántica, es posible que quieras impresionarlos, ganártelos y que las cosas vuelvan a ser como eran al principio.

Lamentablemente, no puedes. Su encanto inicial fue un acto, y lo que están viendo ahora es su verdadero yo. Deja de tratar de ganártelos, y pon tu energía y tiempo en construir un futuro más feliz, lejos de esta alma dañada.

Una nota para tu futuro yo.
Lo más probable es que no tenga otra relación con un narcisista a toda prisa. Ha aprendido la lección, y sabrá que debe alejarse en el momento en que veas signos de bombardeos amorosos o de repentina maldad (más sobre esto más adelante).

Pero he aquí una poderosa cita de la escritora Maya Angelou para mantenerte a salvo:

"Cuando alguien te muestra quiénes son, créeles la primera vez."

Capítulo 5 - Sanación del abuso narcisista

Si está leyendo este libro, es probable que se sienta magullado y atacado como resultado de las interacciones que ha tenido con el narcisista en su vida.

Los psicólogos ahora reconocen que el abuso emocional - el tipo que no se puede ver y deja sus moretones en el alma, no en el cuerpo - es tan dañino y traumático como el abuso físico. Aquellos que lo han experimentado a menudo dicen que preferirían ser golpeados físicamente porque las heridas de la psique son mucho más dolorosas y debilitantes.

Ahora también se reconoce que el abuso psicológico puede provocar los mismos tipos de trauma que resultan de eventos traumáticos únicos, como un robo o atraco. Debido a que el abuso del narcisista tiene lugar durante un largo período de tiempo, puede ser difícil ver las heridas y el daño que ha sufrido. En cambio, las víctimas tienen la sensación de haber sido atacadas o heridas, lo que tomará un tiempo igualmente largo para sanar.

Los sobrevivientes de incidentes individuales como los accidentes automovilísticos lo saben instintivamente, y aunque el daño puede ser profundo, usted puede recuperarse. La diferencia con el abuso narcisista, sin embargo, es que usted puede en cierto nivel sentir que fue su culpa. El narcisista es muy bueno para hacerte dudar de ti mismo, para plantar pequeñas semillas de incertidumbre, mientras se pintan a sí mismos como irreprochables. No es de extrañar que te sientas sitiado o sufriendo de un trauma profundo cuando te encuentras con un narcisista.

En este, el capítulo más importante del libro, desviaremos nuestra atención del narcisista y volveremos a donde debería estar: en usted. Examinaremos las etapas de la recuperación del abuso narcisista y cómo se desarrollará cada una de ellas.

También revelaremos las verdades transformadoras a las que cada víctima debe enfrentarse si quiere recuperarse de su experiencia. Además, le proporcionaremos algunos ejercicios esenciales para fortalecer y sanar su mente y corazón.

Finalmente, le ofreceremos afirmaciones que alteran la vida para sanar las heridas del pasado y repetirse a sí mismo como un mantra a medida que comienza el emocionante proceso de pasar de esta relación tóxica y comenzar el próximo capítulo más feliz de su vida.

Las 5 etapas de recuperación del abuso narcisista

Recuperarse del abuso narcisista es similar a recuperarse de la muerte de un ser querido. Particularmente si usted ha amado y creído en esta persona por mucho tiempo y ha sido engañado con sus historias, es difícil aceptar que ellos no son quienes dicen ser. De hecho, ni siquiera se acercan a la forma en que se representan a sí mismos.

La recuperación puede dividirse en cinco etapas. Hasta cierto punto, su proceso de curación dependerá de su personalidad y del narcisista en su vida. También es importante tener en cuenta que puede que no haya un momento en el que usted diga que está completamente por encima de lo que ha sucedido. El abuso deja cicatrices, e incluso si se curan y no se forman nuevas, siguen ahí. Pero te harán más fuerte y compasivo, así que no te sientas como si estuvieras cambiado para peor, o dañado irreversiblemente. Simplemente has cambiado y crecido un poco más, como todos nosotros (¡aparte de los narcisistas!)

Aquí hay una guía aproximada que lo ayudará a comprender mejor el proceso de recuperación.

Etapa 1: Modo de emergencia

Digamos que ha tenido lo que espera que sea su último enfrentamiento con el narcisista. Les has dicho que se acabó, que se ha ido del edificio o ha colgado el teléfono, y que está decidido a no dejar que vuelvan.

Usted podría estar recibiendo mensajes de ellos o tenerlos apareciendo en su puerta. O puede ser que estés escuchando de ellos a través de otros espectadores preocupados, enviados por el narcisista para jugar con tu culpa, miedo, obligación y simpatía.

Lo que necesitas ahora mismo es seguridad emocional. Habla con alguien que entienda al narcisista y que no te culpe a ti. Dígase a sí mismo que está haciendo lo correcto. Y lo más importante, no hagas nada para castigarte. Sin atracones de comida, sin rumores ni culpa propia, sin alcohol ni drogas.

Practique el **autocuidado radical**: trátese como si fuera un ser querido que ha sufrido una lesión. He aquí algunas sugerencias:

- Bríndese descanso, buena comida, baños calientes e incluso un ramo de flores. Compre y cocine su comida reconfortante favorita.
- Tome un poco de aire fresco y haga ejercicio.
- Escuche meditaciones guiadas y edificantes en YouTube.
- Mantente ocupada, pon tu casa en orden con algo de decadencia.
- Vaya a nadar o a hacer cualquier ejercicio que le haga sentir bien.
- Lea un libro o vea una película divertida.
- Haga algunos planes para el futuro - un viaje, un proyecto, una nueva área de estudio.
- Vuelva a entrar en contacto con la naturaleza: un paseo por el bosque o por la playa, o simplemente una excursión a su parque local. ¡Cueste lo que cueste!

Usted puede ver en esta lista que se trata de volver a lo básico: hacer el tipo de cosas que hacen que un niño pequeño se sienta bien. Manténgalo sin complicaciones y sepa que está haciendo lo correcto cuidándose a sí mismo.

Apague su teléfono si lo necesita y manténgase alejada de los medios sociales, donde puede encontrar a su abusador tratando de localizarla. En esta etapa, usted puede estar traumatizada por el contacto abusivo y es crucial que se concentre en calmarse.

Etapa 2: seguir adelante y enojarse

Aquí, comenzará a sentir que su energía regresa y puede tener momentos de ira y enojo al darse cuenta de cuánto tiempo y energía le robó el narcisista.

También puede sentirse enojado consigo mismo, por dejar que el narcisista se salga con la suya durante tanto tiempo, por no hablar o defenderse. Todo esto es totalmente normal y solo significa que estás avanzando y creciendo, no que has fallado o hecho algo malo.

Usted puede regresar a la primera etapa, especialmente si tiene contacto con el narcisista. Es importante en esta etapa reconocer su enojo, pero no quedarse atrapado en él. Pasar demasiado tiempo en línea hablando con otras personas que sufren, por ejemplo, puede no ser la mejor idea, ya que puede impedir que avance en su vida.

Si te resulta muy difícil seguir adelante, o sientes que estás dando vueltas en círculos, este es un buen momento para ver a tu médico de cabecera y hablar sobre la posibilidad de recibir asesoramiento profesional, si crees que te puede ayudar.

Tercera etapa: ¿Debería volver a ponerse en contacto?

Ahora llega el momento en que se olvidan algunos de los detalles de lo que sucedió y, lo que es más importante, los sentimientos desagradables pueden haberse desvanecido. Empieza a recordar los buenos puntos del narcisista. Empieza a pensar que tal vez no era tan malo como recordaba, y tal vez simplemente estaba exagerando o siendo demasiado sensible.

Tal vez usted quiere un cierre, o una oportunidad para ver si han enmendado sus caminos (no lo han hecho.) Tal vez simplemente se pierda los buenos tiempos. También es posible que empieces a escuchar a los narcisistas, ya que ellos empiezan a extrañar tu atención y a pensar en maneras de atraerte de nuevo.

Manténgase fuerte. No vuelva, no hay nada más para usted que dolor. Dejar que el narcisista regrese a su mundo puede enviarte directamente a la primera etapa, o peor aún, puede encontrarse de nuevo en una relación con ellos, y el ciclo comienza de nuevo.

Cuarta etapa: Alcanzar la distancia

Este es el punto en el que ha tenido algo de tiempo para curarse y rodearse de normalidad. Has superado muchas de las emociones más feroces y estás comenzando a tener una comprensión más clara de lo que te sucedió y por qué te atrajo a la relación, o cómo encontraste la manera de salir de ella.

Sin embargo, es posible que todavía tenga días malos, cuando se culpa o se encuentra creyendo lo que el narcisista dijo de usted.

Acepta esos sentimientos, siéntate con ellos y pasarán. Te estás acercando a ser sanado y avanzando con tu vida. El narcisista se equivocó contigo, e hiciste lo mejor que pudiste en ese momento.

Etapa cinco: Aceptar y seguir adelante

Sigues avanzando. Usted tiene una buena comprensión de sus propias fortalezas y debilidades. Ahora, eres cada vez más capaz de rechazar las cosas que el narcisista te dijo.

Tal vez usted ha tenido alguna terapia y está pensando en cómo formar relaciones más saludables en el futuro. Has formado algunos buenos hábitos diarios para ayudarte a sentirte fuerte y seguro (más sobre esto más adelante) y estás planeando una vida más feliz para ti mismo.

Sobre todo, estás libre del narcisista y de la influencia tóxica que tuvieron sobre tu vida.

5 verdades transformadoras a las que toda víctima debe enfrentarse

1. El narcisista nunca cambiará en la forma en que lo necesita

Obviamente, todos son capaces de cambiar y crecer personalmente. Todos nos desarrollamos de todas las maneras, unos más que otros. Pero el narcisista es muy resistente al cambio, y nunca debe perder su tiempo y energía esperando que las cosas sean diferentes.

Para empezar, lo deja atascado en una posición de espera. Y la gente puede quedarse en ese lugar durante años. Puede que tenga momentos en los que veas la posibilidad de que las cosas sean diferentes - por ejemplo, el narcisista se ha comportado mal, usted los ha dejado fuera, y ahora le prometen que las cosas serán diferentes.

No lo harán. Todo lo que sucederá, si deja que esa persona se acerque de nuevo, es que el ciclo comenzará una vez más. Y luego una y otra vez. Incluso si cambiaran, quizás después de muchos años de terapia, seguirían careciendo de empatía básica. ¿Y realmente quieres pasar años de tu preciosa vida esperando que alguien sea mejor? Todo ese tiempo, toda esa energía, podría ser gastada de manera mucho más productiva en otros esfuerzos y en personas más merecedoras.

2. **No son una persona diferente con los demás y no es usted problema.**

No crea que es el único que tiene problemas con esta persona, aunque puede que te hagan sentir así. Sí, puede parecer que todo está bien en sus otras relaciones, y usted fue el que causó los problemas. Pero no son diferentes a los demás. Son la misma persona con todos.

La única diferencia es que estás viendo el exterior de esas otras relaciones, no el interior. Los narcisistas son incapaces de tratar a alguien con amabilidad y decencia. Pero también son a la vez reservados y obsesionados con la imagen, así que lo más probable es que sus otras relaciones también sean escasas y tóxicas, pero simplemente lo ocultan bien.

3. **Abusaron de usted deliberadamente y no estaba todo en su cabeza.**

Debido a que los narcisistas son tan buenos en lo que hacen, y en mantener sus trucos justo por debajo del radar, puede que

Relación Narcisista

empieces a preguntarte si estás imaginando cosas. Usted podría preguntarse si son genuinamente desagradables y abusivos, o si de alguna manera no se dan cuenta de que lo que están diciendo y haciendo es hiriente.

Sí. Saben exactamente lo que hacen. No hay excusa para su comportamiento, aunque probablemente escuchará algunas excusas: están envejeciendo (los narcisistas ancianos son muy buenos para retrasar su edad cuando les conviene), o quizás tuvieron una infancia infeliz y usted debería sentir lástima por ellos.

No. Lo siento. No es suficiente. Muchas personas tienen una infancia miserable y no andan por ahí haciendo que otros se sientan mal. No hay excusa para el comportamiento abusivo. Esta fiesta de lástima es algo que los narcisistas son muy buenos en lanzar cuando les conviene, particularmente para apuntar a individuos empáticos que sientan lástima por ellos y les perdonen su comportamiento - solo para que todo vuelva a empezar una vez más.

Lo que la gente compasiva encuentra difícil de entender acerca de los narcisistas es cuánto placer obtienen de manipular, explotar y jugar con otros. La mayoría de nosotros no disfrutamos de esas cosas y nos cuesta imaginarnos sintiendo felicidad por el sufrimiento de los demás. Pero los narcisistas sí. Se alimentan del drama, de la miseria, y les da una sensación de poder, control y significado en sus vidas, que de otro modo estarían vacías. Tristemente, no hay forma de escapar de esto, no hay un yo superior al que puedas apelar en el alma de un narcisista.

Tampoco es accidental su comportamiento abusivo. Una buena pregunta para hacerse, si se está preguntando sobre algo que un narcisista dijo o hizo, es - ¿quién estaba con usted cuando dijo eso? ¿Estabas solo? ¿O lo dijeron delante de los demás? Cualquiera que pueda cambiar su comportamiento dependiendo de quién esté escuchando sabe exactamente lo que está haciendo.

E incluso si no están bien, no es tu problema. Usted tiene el derecho de protegerse y vivir una vida libre de abuso narcisista.

4. Recuperarse llevará tiempo y no es un proceso que se pueda apurar.

A diferencia de un solo evento traumático, como un accidente automovilístico, el abuso narcisista tiene lugar durante un largo período de tiempo. Aunque las heridas físicas pueden sanar, el daño a su salud mental toma más tiempo.

Lo que esto significa es que usted no tiene que perdonar a su abusador o barrer sus sentimientos bajo la alfombra.

Si usted se siente triste o enojado por la forma en que lo trataron, eso no es una señal de debilidad. Es una respuesta razonable a lo que te ha pasado. Tampoco necesita perdonar o sentir compasión por su abusador. Después de todo, no sienten compasión por ti.

El narcisista quiere que dudes de usted mismo, que minimices lo que pasó y que creas que estás exagerando o que lo estás haciendo peor de lo que era. Esto no es verdad. Los narcisistas son personas verdaderamente peligrosas y perturbadoras, y usted puede tomarse todo el tiempo que necesite para sanar de su experiencia.

5. Todas las emociones son válidas

No hay una manera correcta de sentir. Es posible que usted haya sentido, junto con su abusador, que ciertos sentimientos o reacciones eran inaceptables. Los padres narcisistas son muy buenos entrenando a sus hijos para someter las respuestas emocionales y nunca se quejan, por ejemplo.

Pero todas sus emociones son válidas, y usted tiene el derecho de sentirlas y expresarlas apropiadamente, sean cuales sean. Usted tiene el derecho de sentirse **enojado** por lo que se ha dicho y hecho, siempre y cuando no esté expresando su enojo de una manera que sea destructiva para los demás.

El truco es usar tu ira productivamente: Úselo para impulsarte hacia adelante, para energizarte y para poner tus sentimientos en cosas que promoverán tu propia vida. ¡Puede ser una fuerza creativa para el bien si la canalizas y la usas sabiamente!

Usted también tiene derecho a sentir **dolor**. Esto no es una debilidad, es un reconocimiento de que has perdido a alguien que te importaba, o al menos la idea de quiénes eran para ti. Siente tu dolor, hónralo, y sigue adelante.

Puede ser útil tomar distancia de sus emociones, verlas como separadas para usted: tal vez visualizar sus emociones como nubes que se mueven a través del cielo. De la misma manera, se mueven a través de su cuerpo y simplemente pasan. No es necesario que se desmorone: simplemente siéntalos, reconozca lo que está sintiendo y deje que se quede con usted todo el tiempo que necesite.

Si desea cambiar una emoción poco útil, aquí hay dos cosas que puede probar.

- Trabajo corporal: Tenemos emociones buenas y malas en nuestro cuerpo - solo piensa en lo diferente que nos vemos, nos movemos y sonamos cuando nos sentimos felices y cuando estamos tristes. Así que tiene sentido, entonces, que la carrocería sea una forma de cambiar las emociones. Esto puede ser a través de un masaje con un terapeuta experto, yoga, meditación o una larga caminata. Nadar y estar cerca del agua también es muy curativo para nuestras emociones.

- Hablar con un terapeuta experto en el trastorno de estrés postraumático también es útil a medida que trabajas a través de las emociones, y tendrán técnicas específicas que puedes usar para avanzar.

Ejercicios esenciales para fortalecer el corazón y la mente sanadores

Al comenzar su viaje de sanación, puede que encuentre útil llevar un diario de sus pensamientos y sentimientos. Esto puede ser un estilo de diario de descarga de cerebro, donde simplemente sacas todos tus pensamientos y recuerdos de tu cabeza y los colocas en tu página, o puede ser una serie de preguntas guiadas para ayudarte a preguntarte cómo te metiste en tu relación con el narcisista y lo que has aprendido.

Siga leyendo para obtener algunos ejercicios de escritura sencillos que aclararán sus pensamientos y sentimientos internos y harán que avanzar sea un poco más fácil al hacerle algunas preguntas sobre su experiencia.

Encuentre un momento en el que no le interrumpan y se sienta fuerte, curioso y listo para avanzar de una manera significativa para sacar el máximo provecho de este ejercicio. Tómese el tiempo que necesite y siéntase libre de volver a estas preguntas y sus respuestas cuando se sienta inciero o molesto. Encontrará sus respuestas y su propia sabiduría interna muy poderosas. ¿Listo? ¡Vámonos!

1. ¿Cuáles son sus falsas creencias sobre la relación?

Aquí, puede anotar todo lo que creía sobre la persona y su relación con ella que ahora siente que es falsa. Aquí hay algunas ideas sobre cosas que puede haber creído:
- ¿Sintió que los problemas eran culpa suya? Ninguno de nosotros es perfecto, pero no todo puede haber sido culpa tuya. Empiece a deseleccionar esto y verá si obtiene una imagen más clara de su relación.
- ¿Sintió que había cosas que podría haber hecho para cambiar la relación?
- - ¿Sintió que él o ella trató mejor a los demás, o, de hecho, él o ella trata a todos con cierto grado de desprecio?

- ¿Siente que nunca encontrará a alguien más? ¿Es esto cierto? ¿Tienes otras personas en su vida que se preocupan por usted?

2. ¿Hay alguien en su infancia que lo alentó a asumir la culpa?

- A veces, con un narcisista, nos encontramos a nosotros mismos asumiendo la culpa de todo lo que ha salido mal, mientras que la otra persona se escapa pareciéndose a la parte inocente.
- ¿Es un patrón de su infancia? ¿Le resulta familiar? ¿Es cierto, o, como la mayoría de los niños, estaba haciendo lo mejor que podía y cometiendo algunos errores en el camino?

3. ¿Qué gana usted protegiendo a su abusador y asumiendo la culpa?

Quizás tenga una idea idealista de cómo debería ser su relación con esta persona importante, y desea conservarla. Tal vez temes que si se defiende a usted mismo terminará solo.

¿Qué es lo que te impide enfrentar la verdad y dejar a esta persona atrás?

4. ¿Cuáles son algunos de los puntos de vista alternativos que se le pueden ocurrir?

Finalmente, mire todas las creencias que ha escrito en la primera parte, y proponga algunas alternativas que sean realistas y se sientan fieles a usted. Por ejemplo, si usted siente que todo fue su culpa, escriba las maneras en que trató de mejorar las cosas. Luego haga una lista de las cosas que definitivamente no fueron su culpa y que simplemente fueron el comportamiento narcisista.

Use este escrito para volver a cuando está dudando o superado con la culpa de lo que se ha desarrollado. Tomarse el tiempo para reflexionar sobre lo que sucedió y desafiar el statu quo y la historia que su narcisista le ha contado es una forma de reemplazar las creencias poco saludables por otras más amables y lo ayudarán a seguir adelante.

Afirmaciones que protegen la vida para curar heridas del pasado

Agregue a su diario algunas afirmaciones que resuenen con usted, y úselas para fortalecerlo cuando se sienta abrumado. Una vez más, esto es algo para su propio uso privado y usted puede usarlo como quiera, en formas que le resulten útiles y apropiadas.

1. "Me estoy curando".

Esta es quizás la afirmación más poderosa y una que puedes usar para contrarrestar cualquier espiral de pensamiento negativo cuando surja. La curación es un proceso largo y lento, pero puede suceder y de hecho sucede.

La curación puede no ser un proceso directo o lineal, y habrá contratiempos en el camino. Pero sanarás.

2. **"El pasado está detrás de mí, y me estoy concentrando en el presente y el futuro."**

Es fácil, especialmente cuando estás teniendo un mal día, quedarse atrapado en el pasado: arrepentimientos, rumia, pensamientos sobre lo que podrías haber hecho de otra manera o revivir momentos horribles con el narcisista. Perdónese cuando esto suceda y comprométase con el presente y el futuro.

Cuando te quedas atascado en el pasado, la afirmación anterior puede mantenerte firme. No hay nada que podamos hacer para cambiar el pasado. Todo lo que podemos hacer es reconocer lo que sucedió y usar lo que nos enseñó para conducirnos a un futuro más feliz. También es un buen recordatorio para valorar el momento presente.

3. **"No hay absolutamente nada malo en este momento"**

Una vez más, el pasado puede surgir para atormentarnos en momentos vulnerables. Cuando eso suceda, concéntrese en el presente. Párese afuera, escuche a los pájaros, sienta el sol en su cara y recuérdese a sí mismo que está a salvo y libre de daños.

4. **"Soy una persona adorable que merece ser tratada con respeto y amabilidad."**

Esta es la creencia de que los narcisistas son muy buenos en tratar de desmantelar. Son incapaces de ofrecer a los demás amor, respeto y amabilidad, o de sentir estas cosas dentro de sí mismos, por lo que hacen todo lo que pueden para hacerte sentir que tú tampoco las mereces.

Una vez que se aleje de un narcisista, tendrá que trabajar más duro en esta afirmación. Significa exactamente lo que dice, ¡y es verdad!

5. "Me merezco el cuidado personal."

Esta es una afirmación de por vida. Hablamos un poco sobre el autocuidado antes en este capítulo, y es algo que realmente te ayudará en tu viaje de sanación. También es una manera de ponerse en primer lugar -no todo el tiempo, por supuesto, no eres un narcisista- pero lo suficiente como para sentirte cuidado y amado.

Este no es un acto egoísta; en realidad es una forma de garantizar que también puedas cuidar bien a los demás. No puede llenar los tanques de otros, como sus hijos y amigos, cuando su propio tanque está vacío. Así que cuídate.

6. "Sé lo que sé, y confío en mí mismo."

Los narcisistas son expertos en la iluminación y manipulación de gases, haciéndote dudar de tu propia realidad para que se sientan más poderosos.

Esta afirmación busca contrarrestar eso al ponerlo a cargo de su propia cabeza y alentarlo a confiar y creer en su propia intuición, pensamientos y sentimientos.

7. "Tengo derecho a los límites".

Proteger sus límites es otro acto de autocuidado en el que tendrá que trabajar mientras se recupera del abuso narcisista. Es particularmente importante, ya que puedes esperar que el narcisista se mantenga bajo por un tiempo, pero siempre regresará en algún momento para intentarlo de nuevo contigo.

Permanezca fuerte e inflexible, y proteja sus límites silenciosamente en todo momento.

8. "No me extrañan; extrañan el poder ".

Si se siente triste por el narcisista porque parece estar solo o intenta ponerse en contacto con usted, recuérdese quiénes son realmente con esta afirmación. Nunca te amaron realmente. No es por algo por lo que hiciste mal, sino porque simplemente no son capaces de amar. Lo que sí extrañan es tener el poder de maltratarte.

9. "Mi éxito es mi respuesta."

Cuando la ira ataca - y lo hará - no los ataque. Esto es exactamente lo que quieren que hagas, como si estuvieras mostrando emoción significa que todavía tienen poder sobre ti. En cambio, repita la afirmación anterior y use su energía para hacer algo positivo en su nueva vida: metas laborales, un proyecto creativo, una meta de ejercicio o algo de autocuidado.

Trabaje en las cosas de su propia vida y deje que su felicidad y su éxito futuro sean su venganza. El Karma tiene una manera de desarrollarse en su propio tiempo dulce - así que no necesita darle un empujón. Está demasiado ocupado con otras cosas.

10. "Tengo buenos amigos y familia a mi alrededor."

Además de repetirse esto a sí mismo, busque a los que le hacen sentir bien y a los que ama y en los que confía. Estar con un narcisista es como estar en un cuarto frío y oscuro. Busca a esas personas que te hacen sentir como si estuvieras de pie en una piscina de luz solar cálida, que te tratan con amabilidad y calidez. Los buenos amigos y los miembros cariñosos de la familia son los mejores antídotos para un narcisista que jamás conocerás. Estos también pueden incluir colegas de trabajo, vecinos y las nuevas personas que aparecen inesperadamente cuando les haces un hueco - todas esas personas en tu vida que te tratan con respeto y amabilidad. Atesóralos, disfrútalos y mantén la fe en que están ahí fuera.

Capítulo 6 - Romper el ciclo

En este capítulo, queremos hablar sobre cómo puede evitar a los narcisistas en el futuro. Vamos a ver por qué puede atraer la atención de los narcisistas y cómo puede identificar a un narcisista.

Finalmente, nos pondremos creativos y le proporcionaremos algunos métodos para desarrollar el auto amor y el autocuidado, junto con varias prácticas para cultivar la paz interior y la felicidad. Estas técnicas no solo lo harán sentir bien, sino que también le proporcionarán protección contra cualquier narcisista en su vida. Vamos a empezar.

6 razones por las que sigues atrayendo a los narcisistas

En primer lugar, necesito aclarar la afirmación anterior. Se estima que alrededor del 6% de la población sufre de Trastorno Narcisista de Personalidad. Así que, si estás fuera mucho tiempo, trabajando, saliendo y conociendo gente en tu vida diaria, lo más probable es que te encuentres con uno o dos narcisistas.

El problema no es encontrarlos ni siquiera atraerlos. Debido a que se queman a través de las relaciones más que la mayoría de las personas, también tienden a afinarse en cualquier persona nueva, en busca de atención fresca. El problema es dejar que se queden. Los narcisistas son muy buenos para detectar a aquellos que van a aguantarlos y que, por lo tanto, están maduros para ser explotados. Así que no se trata de atraer a los narcisistas - todos lo hacemos a veces - se trata de dejarlos entrar a tu puerta.

Aquí hay algunas preguntas para preguntarte por qué aceptaste a un narcisista en tu vida que te ayudarán a entenderte mejor a ti mismo y a ser más consciente en el futuro de lo que debes buscar al comienzo de una relación.

1. ¿Tiende a soportar el egoísmo de los demás?

Algunos de nosotros somos más tolerantes que otros, y si usted sufre de baja autoestima o fue criado en un ambiente donde se esperaba que se acomodara a un comportamiento egoísta, como el de un padre, usted puede estar condicionado a soportar el egoísmo. Los narcisistas se darán cuenta muy rápidamente de quién aguantará sus juegos y quién no, y se concentrará en aquellos que tienden a ser más tolerantes y tolerantes.

No es necesario ser demasiado cauteloso o sospechoso; después de todo, la mayoría de las personas no son narcisistas. Pero no sienta que tiene que dejar que todos entren de inmediato. Tomarse el tiempo para conocer a la gente lentamente es una mejor estrategia y si usted nota que alguien parece un poco egoísta - dominando en la conversación, permitiéndole pagar por todo - tome nota y disminuya la velocidad de lo que usted le da.

¿Tienes límite en torno de lo que va a tolerar y no tolerará de los demás?

Esto puede aplicarse por igual a amigos, familiares y parejas románticas. Si usted es alguien que tiende a sentirse aprovechado, también puede ser el blanco de los narcisistas. Mire primero a su propio tratamiento de los demás - ¿es usted respetuoso de los demás, se asegura de tratar a todos como le gustaría ser tratado a usted mismo? Una vez que sepa que respeta los límites de los demás, ¿por qué no insiste en que sus límites también están protegidos?

Esto significa pensar en cómo le gustaría que otros lo trataran y hablar cuando no está contento con algo. Es algo que puedes aprender a hacer, así que si sientes que esta puede ser una de las cosas que el narcisista vio en ti, busca formas de fortalecer tus límites: cubriremos algunas aquí, pero algunas sesiones con un terapeuta son un gran punto de partida.

2. **¿Tiende a permanecer más tiempo del que debería en una mala relación?**

Retroceder en una relación que comenzó bien pero que desde entonces ha ido cuesta abajo no siempre es fácil de hacer. ¿En qué punto lo terminas? ¿Cómo se hace para lograrlo? ¿Deberías quedarte, solo para ver si mejora?

Si usted es alguien a quien le resulta difícil saber cuándo terminar algo, cuándo dejarlo ir y seguir adelante, lamentablemente puede ser alguien a quien los narcisistas se sienten atraídos. Si siente que una relación no ha resultado como le gustaría, y no está seguro de si debe irse o quedarse, hay algunas cosas que puede hacer.

En primer lugar, recuerde que las relaciones siempre están cambiando. Mejoran o empeoran, pero nunca permanecen igual. El truco es mirar el patrón - si la relación comenzó bien, pero ha empeorado constantemente, y se siente mal consigo mismo, entonces es hora de alejarse. Simplemente no vale la pena su precioso tiempo y energía para permanecer en una relación que no le está haciendo feliz. Nunca.

3. ¿Usted es alguien que soporta ser devaluado?

Un narcisista siempre empezará encantador y encantador, pero déjalos entrar y empezarás a ver su verdadero yo. Esto puede comenzar con un comentario sutil o un comentario un poco descortés. O puede darse cuenta de que nunca tienen su billetera durante las fechas. En general, parecen tomar siempre más de lo que dan en términos de tiempo, energía y esfuerzo.

Si usted es alguien que tiene una tendencia a aguantar y callar, usted es el blanco ideal para un narcisista. Esto no significa que usted tiene que entrar en un partido de gritos con ellos cuando se comportan mal, solo significa que usted necesita tener cuidado con esta tendencia a ser demasiado agradable a la gente. Asegúrate de que las personas a las que les concedes tu tiempo y amabilidad realmente se lo merecen, y devuélveselo también.

4. ¿Tiende a excusar el mal comportamiento de otras personas?

Es bueno dar a la gente el beneficio de la duda. Todo el mundo tiene días malos y nadie es perfecto. Pero si el comportamiento de alguien es consistentemente difícil y usted encuentra que siempre está tratando de encontrar una excusa para ello, esta es una gran señal de advertencia.

5. Si alguien es abusivo, ¿se va inmediatamente?

Esto, más que nada, es una enorme bandera roja. Todos tenemos diferentes niveles de lo que toleraremos, dependiendo de cómo fuimos criados y de nuestro propio temperamento y personalidad. Si alguien creció con un padre que era violento, por ejemplo, podría haber sido preparado para ver este comportamiento como aceptable o simplemente lo que sucede en las relaciones.

Si usted siente que es alguien que soporta más de lo que debería, tenga curiosidad sobre esto. Hable con un terapeuta o lea algo sobre lo que constituye abuso emocional y abuso físico. Aprenda más acerca de escuchar su instinto visceral y las señales de advertencia de abuso. Todas estas cosas se pueden aprender y te protegerán del daño en el futuro.

7 maneras de detectar a un narcisista en la primera cita

Como sabemos ahora, los narcisistas son buenos para encantar a los demás, para parecer increíblemente comprensivos y comprensivos, hasta que los conozcas. Entonces, es una historia diferente. Pero ¿cómo las filtras antes de que te lastimes? No es fácil, sentir una conexión con alguien lo hace aún más difícil. Afortunadamente, hay algunas señales de advertencia.

1. Han planificado la fecha en detalle

Las personas que no pueden planear nada pueden ser frustrantes y a primera vista, alguien que parece tener el control de cada detalle de una primera cita puede ser un cambio bienvenido.

Pero preste atención a esas interacciones tempranas: ¿le permiten elegir el lugar de celebración o insisten en decidir? Cuando llegas allí, ¿te dicen: "Quieres que pida" o lo deciden juntos?

Alguien que parece querer controlar cada detalle puede ser simplemente organizado, o puede tener una personalidad controladora y narcisista. Es demasiado pronto para saberlo, pero ten curiosidad y toma nota.

2. Bombardeo de amor

Ya hemos visto esto en detalle, pero vale la pena volver a mencionarlo, ya que es un rasgo narcisista típico, y uno que puede ganarte fácilmente si no estás al tanto de ello. Si tu cita concuerda absolutamente con todo lo que dices, algo está pasando. Nadie es tan amable ni tan agradable. Aunque es halagador tener a alguien que parece estar en sintonía contigo, si empiezas a sentir que te están engañando, es probable que lo estés haciendo.

También busque fechas que empiecen a hacer demasiados planes, demasiado rápido. En una primera cita, usted debe sentir que tiene un poco de tiempo para respirar y reflexionar después, no encontrarse a sí mismo haciendo cola para otra reunión inmediatamente.

Relación Narcisista

Los narcisistas son muy buenos con las personas encantadoras y luego, antes de que te des cuenta, están en tu vida, asentándose y apoderándose de tu tiempo, tu energía y tu dinero. Sea cauteloso. Si algo parece demasiado bueno para ser verdad, normalmente lo es.

3. Muchas fanfarronadas sutiles

Es un hecho interesante que aquellos que realmente tienen más que alardear - riqueza, éxito, talento, belleza - tienden a no alardear en absoluto. En cambio, buscan hacer que otros se sientan bien porque no tienen necesidad de buscar la aprobación de los demás.

Los fanfarrones son fáciles de reconocer y casi cómicos en sus esfuerzos por alardear e impresionar con su dinero, poder y éxito. Pero tenga cuidado también con los que se jactan de ser humildes y sigilosos, que poco a poco se convierten en la imagen de alguien que se siente superior a todos los demás. Estos son los narcisistas realmente hábiles, y si usted notó unos pocos demasiados fanfarroneos, usted puede estar en la compañía de uno.

4. Son groseros con el personal

La forma en que alguien trata al personal de servicio y a otros que están ahí para servir es siempre reveladora. ¿Exigen, se quejan y actúan con superioridad, o hacen bromas en su nombre o tratan de humillarlos? ¿Insisten en sentarse en un lugar en particular, o tienen algún tipo de problema con el ambiente del restaurante? Si ve a alguien haciendo estas cosas, es una gran señal de advertencia de que pronto lo tratarán de la misma manera.

Ser grosero o enojarse por las molestias cotidianas como la lentitud del servicio en un restaurante también es una señal de que pueden tener problemas con el control de la ira. Claro, todo el mundo tiene días malos y se enfada, pero si alguien parece no tener sentido de la perspectiva y no puede mantener la calma en público, es posible que tenga un problema.

Y también esté atento a cualquier cosa extraña en torno al dinero: como hemos descubierto, los narcisistas tienden a ser malos para regalar y, a menudo, son tacaños con el dinero. Las banderas rojas aquí incluyen desaparecer repentinamente en el baño cuando es hora de pagar la factura, negarse a dejar una propina u olvidar su billetera.

5. Lo que dicen que quieren y su historia no tiene sentido.

Si alguien actúa como si estuviera desesperado por establecerse, casarse y tener hijos, tenga cuidado. Nadie debería estar hablando a largo plazo en una primera cita (o en una segunda, tercera o cuarta cita...) Profundice un poco más y pregunte sobre la historia romántica reciente de alguien. ¿Tienen una serie de relaciones a corto plazo y rupturas dramáticas detrás de ellos? ¿Tienen excompañeros de los que todavía hablan mucho? Todos estos puntos pueden significar que usted está en la compañía de un narcisista que tiende a agitarse y quemarse con sus parejas románticas.

6. Te hacen revelar sus inseguridades, pero protegen las suyas.

Los narcisistas son muy buenos investigando y escarbando para encontrar tus debilidades y las cosas por las que te sientes un poco sensible. Con el tiempo, los usarán para sentirse más superiores y para pincharte cuando quieran ponerte en tu lugar.

Sin embargo, nunca los verás admitir sus propias inseguridades de ninguna manera significativa. Mientras derramas tus secretos, ellos simplemente te escucharán, sonreirán y tal vez dirán algo cortando para retorcer un poco el cuchillo.

Si sales de una cita sintiendo que has sido demasiado sincero y vulnerable, puede ser una señal de que acabas de conocer a un narcisista. Conocer gente nueva debería hacerte sentir bien, animado, animado - no debería hacerte sentir pequeño o expuesto.

7. Todo se trata de ellos.

Las mejores conversaciones son una calle de doble sentido - algunos escuchando, otros hablando, otros compartiendo risas y observaciones. Pero no así con el narcisista, que no está ahí para aprender, escuchar y disfrutar, sino para ser admirado y adulado. Si alguien habla sin parar y usted necesita desaparecer al baño solo para descansar de su charla incesante, tenga cuidado: este es su futuro.

Si cada anécdota que usted cuenta parece dar paso a una historia similar sobre algo que ellos hicieron, pero mejor aún, es otra señal de advertencia. A los narcisistas les resulta muy difícil escuchar. Por lo general, parecen distraídos, juegan con su teléfono o no te miran a los ojos. Prefieren hablar de sus propias habilidades y talentos que aprender más sobre las personas que les rodean. Si se trata de ellos, prepárese para la posibilidad de que pueda estar en compañía de un narcisista.

Otra cosa que usted puede notar es que ellos hablan muy halagadoramente de otras personas que conocen - amigos, colegas de trabajo, miembros de la familia. Te sientes cada vez más pequeño en comparación con estas maravillosas personas, y te preguntas por qué estás pasando una cita escuchando lo especial que era otra persona - ¿no debería haber algún enfoque en ti? (Respuesta: sí.)

¿Qué hacer si se da cuenta de todo esto en la primera cita?

Que se asusté. Disfrute de la noche por lo que es (¡una experiencia de aprendizaje!) y asegúrese de hacer un informe con un amigo de confianza después. ¡Descubrir a un narcisista temprano y establecer sus límites en consecuencia es una habilidad de vida útil que vale la pena conocer!

4 maneras de dejar de atraer a los narcisistas de una vez por todas

Si siente que sigue atrayendo a este tipo de persona a su vida, probablemente esté desesperado por detener el patrón. Después de todo, ¿por qué alguien querría invitar a personas tan difíciles a sus vidas?

La verdad es que el narcisista está ahí para enseñarte algo. Y hasta que lo aprendas, seguirán volviendo. Véalas como una herramienta de enseñanza y de repente son mucho más fáciles de tratar. Pero ¿para qué están ahí para enseñar?

Esencialmente, son las personas complacientes las que parecen atraer a los narcisistas. Los tipos dóciles y fáciles son sus presas preferidas. Si es usted, hay formas de cambiar esta dinámica

1. No ponga tantas excusas para que la gente

Si alguien se comporta mal, está equivocado. Punto final. No importa cuán dura fue su infancia, cuán estresante es su trabajo - no hay excusa para el comportamiento abusivo. No lo disculpe. No se compadezca. No eres su médico y no eres su saco de boxeo. No es su problema y no puede arreglar a nadie más que a usted mismo.

Sí, es difícil alejarse de la gente. Es difícil aceptar que no puedes arreglar a alguien, incluso si te preocupas por él. Es difícil cuando se sabe lo indulgente que eres, lo amable y lo buena que sería la relación, si tan solo no fueran tan desagradables. Pero necesita ponerte a usted mismo y a su propia seguridad física y emocional primero.

Si alguien abusa de usted, aléjese. Realmente es la clave para una vida feliz y segura, y usted se lo merece.

2. Descubra las banderas rojas y confíe en sus instintos

Hemos cubierto las banderas rojas en detalle, y ahora usted está bien armado con una lista de control de señales a las que debe estar atento.

Tome nota de ellos, confíe en sus instintos, y si siente que no está a salvo, retroceda. Resista la tentación de permanecer en una situación que lo incomoda porque no quiere ser grosero o causar problemas.

No tienes que decirle a la persona por qué ya no estás disponible - de hecho, con un narcisista, es mejor que no lo hagas, ya que a ellos les encantan las confrontaciones y los enfrentamientos. Simplemente retrocedan, desconéctense y dejen en claro que su tiempo y energía están siendo absorbidos en otra parte.

3. No se dejes dominar

Algo en lo que los narcisistas son muy buenos es en desgastar a sus víctimas. Esto puede ser con largas y agotadoras conversaciones de las que literalmente no puedes escapar. Puede ser despertándolo temprano o manteniéndolo despierto hasta tarde en la noche para que se sienta cansado y menos capaz de tomar decisiones claras. Puede ser manteniéndolo bajo escrutinio, observando lo que hace, haciendo muchas preguntas y haciendo muchos comentarios para que se sienta cohibido y enfocado.

Tenga en cuenta esta tendencia, y si siente que se está hundiendo, encuentre la manera de liberarse. Cuelgue el teléfono, vaya a la cama temprano, vaya a casa. Tómese un tiempo y espacio para revitalizarse (nadar, hacer ejercicio, meditar o caminar) y luego lidiar con ellos. Si un narcisista sabe que tiene límites claros en torno a su tiempo y energía, pasará a otra persona.

Si se trata de una relación buena y saludable, no les importará que tome las cosas con calma.

4. Busque ayuda de un terapeuta capacitado

Si te encuentras involucrado en estas relaciones una y otra vez, puede ser que necesites desentrañar las razones más profundas con la ayuda de un terapeuta experto. Esto tomará tiempo y dinero, pero puede ser la mejor inversión que haya hecho en sí mismo y en su futuro.

9 poderosos consejos para desarrollar un amor propio inquebrantable

Una manera probada y comprobada de protegerse de los narcisistas es desarrollar el amor propio. No se trata de ser egoísta o narcisista usted mismo; se trata de cuidarte de la misma manera que lo harías con un buen amigo o un niño pequeño. Aquí, he reunido algunas técnicas e ideas simples para realmente trabajar en tu amor propio.

Esto es algo que un narcisista no puede quitarte, y que lo mantendrá a salvo en el futuro.

1. Empiece cada día estableciendo intenciones conscientes

Establecer la intención es esencialmente decirte a ti mismo que eres digno de cuidado y amor. Comienza cada día con unos momentos de respiración atenta y establece tu intención para el día, que puede ser algo tan simple como "Hoy voy a cuidarme y mostrarme amor en todo lo que hago porque lo merezco".

Puede sonar extraño, pero diga esto - o cree un mensaje o mantra personal que funcione para usted - y verá los beneficios. Esencialmente, un mantra o intención amorosa envía una señal a tu subconsciente de que eres digno de amor y cuidado que lenta pero seguramente desafía todos esos mensajes negativos que te fueron dados por el narcisista.

2. Dese el gusto de ser un amigo o un niño pequeño

Si se sientes mal consigo mismo y no puede deshacerse de los sentimientos de baja autoestima, piense en usted mismo como en otra persona, tal vez un buen amigo o un niño pequeño. ¿Qué harías para que se sienta mejor? ¿Qué aconsejaría usted? Si fueras un amigo sabio y compasivo, ¿qué te dirías para sentirte mejor? Si estuvieras cuidando a una niña pequeña, ¿le darías una buena comida, le darías un baño caliente y le darías una historia reconfortante en la cama?

Escribir una carta para usted mismo es otra manera poderosa de aprovechar su sabiduría y bondad interior. Escribe todo lo que te dirías a ti mismo y cuando lo leas más tarde, te sorprenderás de lo poderosas que pueden ser tus palabras. Guarde sus cartas y léalas cuando necesite claridad o un poco de apoyo.

3. Reconozca sus sentimientos

Algo, simplemente nombrar tus sentimientos - *me siento triste*, o me *arrepiento* - puede ser una manera de moverme a través de ellos. Somos muy buenos escapando de nuestros sentimientos de todas las maneras: adormeciéndonos en los medios sociales, el alcohol, las compras, comer en exceso.

Pero a veces la mejor manera de integrarse y aprender es tomarse el tiempo para sentirlos realmente - sentarse con ellos, dar un largo paseo o nadar, o escribirlos. En vez de tratar siempre de escapar, hazte amigo de tus sentimientos y pronto descubrirás que son simplemente sentimientos, no una realidad concreta y fija, y pasarán.

4. Regálese de forma saludable

La vida está aquí para ser disfrutada y saboreada. Si se ha encontrado en una relación con un narcisista, es posible que lo haya olvidado. Es posible que se sienta agotado, desanimado y pequeño.

Recupere el control y trátese con actos de bondad y positividad, como lo haría con alguien que se está recuperando de una enfermedad o accidente. ¿Cuáles son sus formas favoritas de relajarse: una película divertida, unas vacaciones, su comida casera favorita frente al televisor, ¿un baño caliente o un largo baño o una caminata en el bosque?

Para variar, haga todas esas cosas que lo hacen sentir bien y deje tiempo para hacerlas regularmente.

5. Medite

Los beneficios de la meditación son ahora bien conocidos, y la meditación regular es una forma segura de aumentar los sentimientos de calma, felicidad y control. Gracias a Internet, es fácil meditar - solo hay que buscar meditaciones guiadas en línea, encontrar un espacio tranquilo para sentarse o tumbarse, y darse diez minutos o más para meditar - pronto notará los beneficios de una mayor claridad y alegría.

6. Sienta gratitud

Es fácil ser castigado por todo lo que sale mal, especialmente si tienes un narcisista en tu vida que te recuerda todos tus defectos y fracasos. Pero la investigación muestra consistentemente que son los sentimientos de gratitud, no el dinero, la riqueza o el éxito, los que conducen a una buena autoestima.

Tómese un momento en el que recuerde pensar en todo en su vida por lo que se siente agradecido: sus amigos, su salud, todo lo que salió bien ese día, desde una pequeña conversación hasta un momento tranquilo para leer un buen libro. Sentir gratitud por los pequeños placeres de la vida es la verdadera clave de la felicidad.

7. Cuide su cuerpo

Si bien centrarse en la meditación y el diálogo personal saludable se encargará de su mente, no se olvide de su cuerpo. Comer bien, beber mucha agua, dormir lo suficiente y hacer ejercicio con regularidad, incluso si se trata de una caminata suave o de un video de entrenamiento de diez minutos o de bailar alrededor de la casa, son esenciales para la felicidad.

Es tan fácil hoy en día vivir en nuestras cabezas - en línea o perdido en pensamientos - mientras que nuestros cuerpos están descuidados. Pero si usted está saliendo de una mala relación, cuidar de su ser físico es tan importante como su bienestar emocional. Y, de hecho, cuando tu cabeza es un desastre, a veces es una buena idea volver a lo básico - comida, agua, ejercicio, sueño - como una forma de reconstruir tu bienestar.

8. Devuelva con gratitud

Lo que la gente egoísta no se da cuenta es que dar a otros puede recompensar tanto al que da como al que recibe. Tomarse el tiempo para ofrecer amabilidad a los demás es una manera de cuidarse a sí mismo - ser voluntario, pasar algún tiempo jugando con un niño, recaudar dinero para una buena causa, o ayudar a un amigo. Sentirá que su propia felicidad se eleva junto con aquellos a los que está ayudando.

9. Planifique para el futuro

Una vez que se haya ocupado del momento presente, dedique algún tiempo a hacer su futuro más brillante. ¿Qué puedes hacer hoy que te haga sentir mejor dentro de un año? Piensa en lo que te gustaría hacer y dónde te gustaría estar y aplica la ingeniería inversa al proceso pensando en lo que puedes hacer ahora para llegar allí.

Tal vez usted necesita hacer un poco más de formación o buscar algún trabajo independiente para financiar unas vacaciones de ensueño. Tal vez quieras estar más sano y en forma, así que hoy necesitas esforzarte para salir a correr. Tal vez quieras escribir un libro, así que hoy dedicas una hora a escribir 500 palabras.

Relación Narcisista

Mantener una lista de lo que quieres que sea tu vida te guiará en tus elecciones diarias y te mantendrá enfocado en tu felicidad y tus metas en la vida.

Capítulo 7 - Amar de nuevo

Así que ha comenzado a recuperarse de su relación con un narcisista y está listo para seguir adelante. ¿O es usted? En este capítulo, analizaremos el tema de las citas y cómo evitar que vuelvas a cometer los mismos errores con tu nueva pareja.

También cubriremos algunos cambios de actitud que usted necesita hacer para que pueda disfrutar de mejores relaciones. Hemos cubierto las banderas rojas que hay que tener en cuenta y en este capítulo iremos un paso más allá y analizaremos las primeras señales que muestran que ha encontrado un buen socio. Finalmente, cubriremos los buenos hábitos para que una nueva relación tenga un comienzo saludable.

Se pueden establecer los términos de una relación de ordenación hasta cierto punto, y el inicio es el mejor momento para hacerlo. Idealmente, usted habrá pasado algún tiempo pensando en las relaciones y sus propios patrones, y se sentirá fresco y energizado y listo para aventurarse en el mundo de las citas de nuevo.

¿Qué puede hacer para asegurarse de que sus nuevas relaciones tengan el mejor comienzo? Mucho, por casualidad. Pero, antes que nada, veamos algunas cosas que usted definitivamente debe evitar.

7 errores que se deben evitar cuando empiezas a salir con alguien de nuevo

Si usted ha estado en una relación con un narcisista, es posible que aún tenga creencias poco útiles acerca de lo que su pareja debe decir y hacer. Su juicio puede verse distorsionado por pasar tiempo con las personas equivocadas. También puede sentir que su confianza ha recibido un golpe. En primer lugar, no hay necesidad de apresurarse a volver a salir con alguien.

Date todo el tiempo que necesites para recuperarte, usando alguna o todas las ideas que mencioné en el capítulo anterior. Tenga siempre en cuenta que tendrá que andar con cuidado para evitar cometer los mismos errores de nuevo.

A continuación, se enumeran algunas trampas comunes que debes tener en cuenta cuando empieces a salir con alguien de nuevo.

1. Esconder la verdad de quién eres

En el mundo de las citas, se puede sentir que necesitamos presentarnos como un paquete brillante, con pasatiempos interesantes, un gran cuerpo, y una cara feliz y sin problemas. No caigas en esa trampa. Sé honesto acerca de quién eres con todas las personas que conoces, no sientas que tienes que complacer o impresionar, y encontrarás que las personas correctas vienen a ti.

¿Qué pasa si lees esto y piensas, pero no sé quién soy? Siéntase curioso. Conózcase y siéntase cómodo consigo mismo, ya sea por su cuenta o con la guía de un terapeuta, para que cuando salga al mundo se sienta más seguro de lo que es y menos propenso a ser perturbado por un narcisista.

2. Comenzar demasiado rápido

Como ya hemos visto, los narcisistas son expertos en moverse rápido al comienzo de una nueva relación, solo para que se desmorone con bastante rapidez una vez que el zumbido inicial desaparece. Tenga en cuenta esta tendencia cuando conozca a alguien y busque bombardeos de amor. Lo más importante, tómalo con calma. No se emborrache y vaya a casa con su cita esa primera noche, y definitivamente no comparta todos sus secretos.

Tome cualquier bombardeo de amor escandaloso o charla de compromiso con una gran pizca de sal. Si está destinado a ser así, tomarse su tiempo no hará ninguna diferencia. En este sentido, y hay que decirlo, no te acuestes con alguien en la primera cita si estás pensando que podría ser una relación a largo plazo.

3. Esperar que se comprometan exclusivamente

Como en el caso anterior, tome las cosas con calma. Las citas son para conocer gente, y no puedes esperar que alguien se comprometa contigo en una primera cita, o incluso en una segunda o tercera. Si alguien parece estar listo para barrerte y ya está hablando de una relación exclusiva después de tres horas en tu compañía, ¡no te lo creas! Alguien que cae en el encaprichamiento tan rápido es probable que caiga fuera de él tan rápido, y tú eres el que se quemará.

4. Olvidarse de divertirse

Es fácil sentir que todo está destinado a fracasar después de una mala relación. Si se siente cansado y amargado, puede ser que aún no esté listo o que no haya encontrado a la persona adecuada.

Tuvo una mala experiencia, y eso puede desanimarte del mundo de las citas de la misma manera que un ataque de intoxicación alimentaria puede desanimar a tu pareja con la comida en particular para toda la vida. Pero recuerda, las citas también pueden ser divertidas. Hay - lo crea o no - mucha gente decente, amable y cariñosa que solo quiere conocer a alguien con quien pasar el tiempo.

Tuvo mala suerte. Pero no es su destino. Con un poco de autocuidado y tiempo para reflexionar, habrás hecho un crecimiento personal importante que te ayudará cuando estés listo para intentarlo de nuevo. Trate de no tomarlo demasiado en serio y recuerde los beneficios de la atención y la gratitud a medida que avanza. La vida está ahí para ser disfrutada, de lo contrario, ¿cuál es el punto?

Una importante advertencia: si realmente no está disfrutando de la vida o se siente genuinamente ansioso y deprimido, todos los mensajes alentadores, la atención y la gratitud en el mundo podrían no ser suficientes para hacerlo sentir mejor. Siempre, siempre busque y busque ayuda si está luchando. Vaya a su médico de cabecera, habla con alguien.

5. Vea a un socio como el comienzo y el fin de todo

Puede ser perfectamente feliz soltero. Curiosamente, para muchas personas, es solo cuando son verdaderamente felices por su cuenta y no buscan conocer a nadie que realmente encuentran a alguien con quien comprometerse.

Si usted siente que encontrar a alguien es una prioridad urgente en su vida, necesita dar un paso atrás un poco. Encuentre maneras de disfrutar el tiempo por su cuenta. Pasa un día entero solo haciendo las cosas que disfrutas, hazte amigo de ti mismo y date la clase de compañía que disfrutarías de otra persona.

Si realmente sientes que encontrar a alguien es una cuestión de urgencia, solo harás las cosas más difíciles para ti mismo. Las nuevas relaciones prosperan mejor en una atmósfera de facilidad y diversión sin prisas.

6. No mantenga la mente abierta

Si tiene una idea de cómo debería ser su nuevo socio y está absolutamente establecido, tendrá problemas. Ese compañero ideal podría no existir. O el compañero ideal para ti podría no ser nada como el que tienes en la cabeza. Mi consejo es mantener una mente abierta en general, no solo con las citas. Sea flexible y pruebe nuevas experiencias (siempre manteniendo límites seguros y cuidándose).

7. No confié en sus instintos

Esto es probablemente lo más importante que puedes hacer para evitar repetir el mismo error con una relación. Claro, puede que le guste alguien. Pueden ser atractivos, divertidos, encantadores y parecen estar muy interesados en usted. Todo se ve maravilloso en la superficie como dicen y hacen todas las cosas correctas.

Pero ¿cómo se siente?

Como humanos, estamos conectados para captar todo tipo de señales no verbales cuando interactuamos con otros para saber si son seguros o no. No nos damos cuenta de ellos muchas veces, por lo que podemos adquirir el hábito de anular o ignorar estos mensajes de nuestro inconsciente si no encajan con lo que creemos que queremos: una relación, alguien con quien salir, el matrimonio, los bebés....
Pero escuchar y confiar en tus instintos - y luego responder a lo que te dice - es una de las cosas más inteligentes que puedes hacer por tu seguridad física y emocional.

Puede significar ser grosero y dejar una cita o no ir a casa con alguien que es increíblemente encantador y persuasivo. Puede significar que te digan que eres grosero o difícil.

No se preocupe. Si está con alguien, y su intestino se siente tenso, o siente una sensación general de inquietud que no puede sacudirse, cree esos mensajes y salga tan rápido como pueda.

Si hay un mensaje que espero que saquen de este libro, es este: **siempre confíe en su instinto.**

5 primeros signos de que finalmente ha encontrado un buen socio

Relación Narcisista

Ahora que hemos descubierto lo que no debemos hacer cuando volvamos a salir, pasemos a lo bueno: encontrar a alguien que vaya a hacer de tu mundo un lugar más feliz, no darle la vuelta. Hay muchas señales que usted puede observar que le mostrarán que está en el camino correcto con una nueva pareja.

Aquí hay algunas cosas que debes tener en cuenta cuando empieces a salir con alguien que te indique que has encontrado a alguien con quien eres compatible.

1. Se siente físicamente a gusto en su presencia

Si está con alguien que es bueno para usted, que no le va a hacer daño, probablemente tendrá una sensación cálida y fácil. La conversación fluirá suavemente la mayor parte del tiempo. No te encontrarás preocupándote por lo que has dicho o hecho, y estarás disfrutando.

Se sentirá físicamente seguro, cómodo y relajado. Busque esos sentimientos cuando empiece a salir con alguien y cree en ellos, incluso si la persona no es necesariamente la pareja de sus sueños en todos los sentidos - a veces sucede de esa manera.

2. Comparten intereses y preocupaciones comunes

No importa lo atractivo o encantador que sea alguien, en una relación a largo plazo, tiene que haber algo más que química. Si sientes que compartes intereses y pasiones similares, es una gran señal de compatibilidad. Esto no significa que alguien esté de acuerdo con todo lo que usted dice. Se trata más bien de sondear tu visión del mundo y saber con bastante rapidez que la otra persona está en la misma página.

Esto no quiere decir que deba ser compatible en todos los sentidos. De hecho, es genial tener algunas áreas donde no tienes absolutamente nada en común. Alguien con diferentes intereses puede enseñarte cosas que nunca te habían parecido interesantes. Por otro lado, tener intereses que su pareja no comparte le da una sensación de espacio y le permite mantener una identidad separada.

Tenga en cuenta que es bueno disfrutar el tiempo libre de la misma manera. Si a usted le encanta viajar y su posible pareja no tiene pasaporte, es posible que no haya una relación de por vida en las tarjetas. Si están inmensamente invertidos en un pasatiempo - ciclismo, juegos de azar, correr - que no le interesa en absoluto, es posible que tenga que manejar sus expectativas sobre su disponibilidad.

Pero si usted encuentra que disfruta al menos de algunas de las mismas cosas - incluso si es tan simple como acurrucarse en el sofá viendo películas viejas - entonces lo más probable es que usted disfrute de la compañía del otro.

3. Aparecen cuando dicen que lo harán

Los narcisistas son muy buenos para llegar tarde, creando drama con cancelaciones de última hora y decepciones. Hacen mucho escándalo por el simple hecho de honrarte con su presencia. No es de extrañar que estar cerca de ellos pueda resultar agitado y estresante.

Relación Narcisista

¿Cómo es la experiencia opuesta? Si alguien llega a tiempo, se ve amigable y relajado, y se divierten juntos - hablando, charlando, caminando, viendo una película o simplemente tomando un café juntos - puede empezar a bajar la guardia y relajarse.

Cuando empiece a ver a alguien, debería sentirse como si estuviera conociendo a un amigo o colega de trabajo más que una escena sacada directamente de una película de Hollywood. Debe sentirse relajado, fácil, divertido. Usted debe sentirse curioso y animado, no abrumado o inundado con emociones y química. Debería haber algo de química, sí, pero no debería parecer demasiado urgente o exagerado.

4. Son amables y están interesados en usted

¿Recuerda cuando vimos refuerzos intermitentes? Lo contrario de esto es la consistencia. Si alguien es bueno con usted, pero solo a veces, mi consejo es que se retire. Pero si alguien es siempre agradable y amable -no exagerado, solo decente-, es muy posible que se encuentre en presencia de un portero.

No pierda el tiempo con alguien que solo está disponible de vez en cuando, o que te da solo las migajas de su atención. Generalmente, si le gustas a alguien, **lo sabes**. No es un misterio. Si te encuentras preguntándote dónde estás con alguien, es probable que no seas su principal prioridad.

5. Comparten estilos de vida similares

El sueño, la comida, el ejercicio, los niveles de orden y los hábitos diarios como la lectura o el ejercicio - todas estas cosas mundanas conforman la forma en que vives tu vida. Si ven alguna compatibilidad en las cosas pequeñas, entonces es una muy buena señal para su futuro juntos. Si entras en la casa de alguien y te gusta cómo se ve y se siente (en lugar de sentirte impresionado, asombrado o simplemente un poco perplejo), debes confiar en ese sentimiento. Una relación a largo plazo no se trata de pasión y química alucinantes. Se trata de disfrutar de su vida diaria juntos, y sus hábitos diarios son una gran parte de esto.

En esta nota, si desea facilitarle la vida, preste atención a cómo alguien se presenta a sí mismo y a su espacio vital. Si parecen descuidados o caóticos, eso debería darte una pausa. Y si esa persona depende del alcohol u otras sustancias, tenga en cuenta que es posible que no tenga los recursos para ser una buena pareja

8 grandes hábitos para comenzar su nueva relación de la manera correcta

1. Lento y constante

Reténgase cuando conozca a alguien nuevo. Recuerda, si es a ellos a quienes tienes todo el tiempo del mundo para disfrutar de ese hecho. Si no lo son, deberías disfrutar de la relación por lo que es, pero también protegerte para que no tengas que curarte y recuperarte de una relación desastrosa.

2. Trátelos como le gustaría ser tratado

Establezca el tono para la relación que le gustaría tener con alguien al ser esa persona usted mismo. Se amable. Llegar a tiempo. Comunícate tan claramente como puedas. Una nueva relación es un nuevo comienzo, y puede guiarla en la dirección correcta siendo respetuosa y positiva.

Incluso cuando surjan discusiones, y lo harán, recuerde que tiene algo especial entre usted y que debe ocuparse de eso, incluso si tiene un desacuerdo temporal. Es posible pelear con alguien sin dejar de ser respetuoso y sin hacer daño permanente al vínculo entre ustedes.

Si está destinado a ser, usted habrá sentado las bases para una relación rica y amorosa al tratar a su pareja como a usted le gustaría ser tratado.

3. Enfóquese en la otra persona

Construir una relación fuerte requiere tiempo y esfuerzo. A menudo es el resultado de muchas interacciones diarias, y aprender a enfocarse en alguien y responder a él es una habilidad útil para cualquier relación, no solo romántica.

Para hacer esto, en primer lugar, elimine las distracciones. Dedique tiempo a pasar tiempo con su pareja, apague las pantallas, escuche y concéntrese. Incluso si está ocupado y corriendo en direcciones separadas, el contacto visual y el afecto pueden ser de gran ayuda para mantener una conexión saludable y amorosa en el futuro.

4. Cuídese

Solo porque haya conocido a alguien nuevo, esto no te da una excusa para detener sus esfuerzos por sanar de su experiencia con un narcisista. Siga haciendo todas esas cosas que hizo para recuperarse: hablar con un terapeuta, cuidar su bienestar físico y mental, llevar un diario y pasar tiempo solo para descansar y recargarse. Tomarse un tiempo para reflexionar sobre a dónde va la relación y cómo se siente es otra manera de cuidarse a medida que avanza.

Incluso en los primeros días, acostúmbrese a reservar un poco de espacio personal, incluso si tiene ganas de estar con ellos todo el tiempo. Deles tiempo para extrañarlo y sienta curiosidad por lo que ha estado haciendo. Es importante darse tiempo para disfrutar de su propia compañía.

5. No hable del pasado

Pase lo que pase con el narcisista, no se detenga demasiado si lo hace sentir mal. Por supuesto, usted necesita pasar algún tiempo en ello, ya sea solo o con un terapeuta, pero no vive allí. Cuando se encuentre reflexionando o preguntándose cómo va el narcisista, vuelve firmemente al presente con autocuidado o distracción.

En este sentido, no asuma que todos sus futuros socios lo van a defraudar. Si ha trabajado un poco en usted y ha reflexionado sobre lo que puede haberlo llevado a su compañero narcisista, debería ser capaz de evitar llevar este equipaje a su nueva relación. Ofrezca una oportunidad a esta nueva persona.

6. Recuerde cuán lejos has llegado

Si ha tenido una relación con un narcisista, ha pasado por una gran experiencia. Siempre recuerde el hecho de que se escapó de esa situación, que ahora está a salvo, y que tiene mucho por lo que esperar.

Si se encuentras arrepintiéndose del tiempo que paso con ellos, recuérdese que tiene todo un futuro por delante que ellos ya no tienen el poder de arruinar. Estás a salvo. Mereces ser feliz.

7. **No hable mal de la relación con los demás.**

8. Si está comenzando con alguien, a veces es una buena idea dejar que crezca en su propio tiempo y en privado, antes de comenzar a hablar demasiado de eso con los demás. Es natural querer compartir su nueva relación con amigos, pero tenga en cuenta cuánto comparte. Intenta mantener algunas cosas privadas. Hay un par de razones para ello.

Primero, dejar que otros entren a tu nuevo mundo con esta persona demasiado rápido, particularmente si te prefieren soltero, puede tener un impacto negativo en la nueva relación. En segundo lugar, hablar de la relación en detalle con los demás tiene una forma de quitarle energía a su crecimiento y abrir el nuevo vínculo que has formado con la influencia de otros, que pueden no tener tus mejores intereses en el corazón.

Si no estás seguro de cómo te va, pero generalmente te sientes bien, habla con tu nueva pareja, con tu diario o con tu terapeuta. Y si de repente te sientes molesto, no te apresures a hablar mal de tu nueva pareja con tus amigos. Una nueva relación es algo frágil, como una plántula o un bebé diminuto, y usted necesita tratarla y cuidarla a medida que se hace más fuerte.

9. Ríanse juntos

Compartir el humor es una de las mejores maneras de aliviar el estrés y establecer vínculos con su pareja. Y es lo que hace que estar en una relación con alguien sea tan divertido. Así que no olviden reírse, disfrutar de la compañía del otro y ser tontos juntos.

Una última palabra sobre cómo encontrar un nuevo amor.

A medida que se aleja del narcisista, recuerde ser positivo y esperanzado para el futuro, pero también realista. Desafortunadamente, hay algunas personas por ahí de las que necesita alejarse para su propio bienestar y felicidad. Pero también hay muchos otros que enriquecerán tu vida. En última instancia, se trata de encontrar ese punto dulce entre mantenerse a salvo y confiar en aquellos con los que se encuentra para hacer lo correcto por usted.

Si la relación que ha tenido con un narcisista es buena para algo, es que ha aprendido a cuidarse a sí mismo de muchas maneras nuevas. ¡Cree en tus nuevas ideas, sal y diviértete!

Conclusión

Con suerte, en este libro, usted ha descubierto más sobre sí mismo y sobre otras personas. Use este conocimiento para disfrutar de relaciones saludables, satisfactorias y alegres. Hemos estado en un viaje juntos, y mi deseo sincero es que te sientas energizado, educado y listo para enfrentar el futuro.

Tomemos un momento para repasar los puntos clave de este libro.

En primer lugar, analizamos las razones para recogerlo: sospechas que puedes estar en una relación con un narcisista y quieres saber más. O has salido de una mala relación y ahora te preguntas - ¿qué pasó? También puede evitar cometer los mismos errores de nuevo o impedir que otros lo hagan.

Creo firmemente que deberías conocer a tu enemigo. Y conocer al narcisista y lo que lo hace funcionar es una herramienta que te ayudará a salir adelante a medida que avanzas en la vida.

También observamos los rasgos clave de los narcisistas que los hacen tan fáciles de detectar: principalmente, un sentido grandioso de sí mismo, una creencia inquebrantable de que son especiales y tienen un talento único. También tienen una habilidad desvergonzada para explotar a la gente, abusar de los demás y ponerse a sí mismos en primer lugar.

Relación Narcisista

También analizamos lo que hace que alguien sea un narcisista y cómo una infancia que combina el deterioro excesivo con períodos de abandono es a menudo lo que siembra las semillas de un trastorno narcisista de la personalidad. Vimos que a pesar de la forma fuerte y abrumadora en que se presentan, en realidad es muy solitario dentro de la cabeza del narcisista, y no son tan poderosos como necesitan que uno piense que lo son.

Descubrimos las principales señales de alerta de los narcisistas, y algunas de sus tácticas más comunes, incluyendo la iluminación con gas, los bombardeos amorosos, los refuerzos intermitentes y la rabia narcisista. Las tácticas manipuladoras de los narcisistas pueden ser bastante perturbadoras para aquellos que están acostumbrados a una comunicación más directa, pero una vez que las conocen y entienden, están mejor equipados para lidiar con ellas. Y lo más importante, ha dejado de preguntarse si todo está en su cabeza.

Ahora usted sabe muchas de las frases reveladoras que los narcisistas usan y lo que los desencadena. Puede identificar los tipos de personas que le atraen, generalmente almas amables y empáticas que tienden a dar a otros el beneficio de la duda. También estudiamos cómo evitar provocar al narcisista y sentir toda la furia de uno de sus ataques.

En pocas palabras, no puede razonar con un narcisista y no puede esperar las mismas respuestas razonables de ellos que las que recibirías de otros. Estar cerca de un narcisista no es como estar cerca de la mayoría de la gente - en lo que necesita concentrarse es en protegerte a usted mismo, y también en manejarlos para que puedan mantenerse bajo control.

Relación Narcisista

Un punto importante que tocamos aquí es que el narcisista no puede cambiar. No hay nada que puedas hacer para mejorar su comportamiento, y aceptar esto y seguir adelante lo mejor que puedas es la única respuesta sensata.

Luego pasamos a la forma en que esto afecta a sus víctimas. Analizamos el daño que puede hacerte, y por qué debes irte o desconectarte por tu propio bien. Los narcisistas son muy buenos manipulando a sus víctimas, agarrándose fuertemente cuando muestran signos de irse y haciendo una ruptura limpia lo más difícil posible.

Pero una vez que esté consciente de esto, y pueda tener en cuenta su propia salud mental y bienestar en el futuro, encontrará dentro de sí mismo el poder de cortar el cordón para siempre. Lo triste aquí es aceptar que el narcisista no es realmente capaz de amar o de tener relaciones afectuosas, y tienes que renunciar a la esperanza de que alguna vez recibirás lo que necesitas de ellos.

La segunda parte del libro fue más activa y requirió más aportes de ustedes, con muchas técnicas y estrategias para avanzar en su nueva vida, libre de esta personalidad problemática.

Estudiamos cómo salir, y el método de Gray Rock como una forma de hacer que el narcisista pierda interés en usted.

Luego buscamos la sanación - cómo volver a ser neutral después de esta experiencia perturbadora, y desde allí, cómo revitalizarse y avanzar con valentía, fuerte autoestima y esperanza.

Descubrió todo tipo de formas de hacerse más fuerte y saludable, para que el narcisista no pueda encontrar una forma de volver a entrar. Las opciones de salud mental incluyen la terapia, la meditación, el amor propio, los mantras y el diario. Usted puede fortalecerse físicamente con comida, sueño y ejercicio. Hay muchas maneras de sanarse a sí mismo, y espero que encuentren las que funcionen para ustedes y disfruten de los numerosos beneficios.

Finalmente, buscamos romper el ciclo para que no vuelvas a encontrarte en esta situación. Cubrimos lo que hay que buscar en una relación, las señales de alerta temprana y las señales de que se está en el camino correcto hacia un futuro más saludable y satisfactorio.

Merece ser tratado bien, merece una relación amorosa, y honestamente creo que, si hace el trabajo de crecimiento y se cuidas a sí mismo, puede encontrarlo. A veces, un libro no es suficiente y también se necesita una guía de la vida real: Espero que tenga los recursos y el coraje para explorar más a fondo con un terapeuta entrenado y compatible, si lo necesitas.

Espero que hayan disfrutado del viaje y lo hayan encontrado útil. Los narcisistas son increíblemente frustrantes de tratar, y pueden hacer mucho daño. Ojalá no fuera así, pero lo más probable es que, aunque nunca tengas una relación estrecha con uno, te los encuentres en tu vida, en tu trabajo y en tus relaciones cotidianas con el mundo.

A veces, no puedes simplemente ignorarlos. Son ampliamente reconocidos por los psicólogos como algunas de las personas más difíciles de tratar, por lo que tomarse el tiempo para leer sobre ellos y aprender más es un buen uso de su tiempo y energía. La naturaleza humana es fascinante, e incluso puedes llegar a un punto en el que simplemente pueda disfrutar de las peculiaridades de un narcisista en su familia o en su vida laboral sin ser demasiado afectado por ellas.

Ahora tiene un montón de estrategias efectivas para lidiar con los narcisistas que puedes poner en práctica y usar tantas veces como necesites (¡esperamos que no, pero no puedes garantizarlo!) Sabe cómo cuidarse, cómo dar marcha atrás, y cómo formar relaciones más saludables y satisfactorias con aquellos que apreciarán su presencia, tiempo y energía. Sabes que incluso si los narcisistas te dificultan irte, aún tienes derecho a hacerlo.

Si hay algo que me gustaría que le quitaras a este libro, es **confiar en sus instintos y hacer lo que sea necesario para mantenerse seguro y feliz**. No hay necesidad de sufrir con aquellos que no son buenos para usted, y darles su tiempo y energía que podrían gastarse mejor en otro lugar.

Los narcisistas realmente son vampiros que caminan entre nosotros, alimentándose de la buena energía de otros y a gusto, explotando su bondad y generosidad. No se sienta mal por alejarse de ellos, por mucho que lloren y lloren. Diga que no, proteja sus límites, póngase como prioridad y a su propio bienestar también. Se mereces mucho más que eso de sus relaciones - y puede tenerlo.

www.ingramcontent.com/pod-product-compliance
Lightning Source LLC
Chambersburg PA
CBHW031101080526
44587CB00011B/777